기억의 공명

나의 기억의, 영혼의 이야기

송인국 지음

프롤로그

예전에 출간한 책에서 이런 말을 한 적이 있다.

'사람의 진정한 영혼은 그 사람의 기억이다.'
– '우리가 사랑하는, 어쩌면 우리의 전부들', '잃어버린 기억을 찾아 주세요' 중 –

우리는 여태까지 살아온 이야기의 기억을 다들 가지고 있다. 그 기억들은 모이고 모여서 그 사람의 속성을 결정하고, 그 사람의 가치관을 만든다.

결국, 기억은 모여서 한 사람이 된다.

그렇다면 우리의 영혼은 '기억' 그 자체가 아닐까?

이 글에 나의 기억의, 영혼의 이야기를 담고 싶었다.

앞에서 나올 여러 가지 내용은 나의 영혼이 말하는 것들이다.

그게 아무리 사소한 기억이어도, 아무리 별거 없는 것이어도 내가, 그리고 이 글을 읽는 당신이 의미를 찾을 수 있고 그로 말미암아 내적으로 성장할 기회가 된다면 그것만으로도 나의 영혼은 당신에게 가치 있는 존재가 아닐까?

내 몸에서 잠시 빠져나간 기억들은 결국 당신에게 닿을 것이다.

그렇게 이 글을 읽는 모두의 영혼에 공명을 일으킬 수 있는, 그런 글을 쓰고 싶었다.

목차

프롤로그

1부 기억의 은유

2부

의미의 파동

1부

기억의 은유

그럼에도 해야만 하는 것들

"지금은 가능 불가능을 따질 때가 아니야." (feat. 시험 기간)

2024년 1학기 시험 기간 중, 친구와 잠깐 통화를 했다.

"나 공부할 게 너무 많아."

이번 학기 거의 모든 학점 전공을 듣는 친구의 단말마 같은 말이었다.

간단한 한 문장이었지만 그 친구가 얼마나 많이 공부에 시간을 쓰는지 알기에 나에게 들린 의미는 비명, 후회, 고통 등 여러 가지 의미가 동시에 피부로 와닿았다.

그에 반해 시험이 하나인 나는 조금은 여유로운 마음으로 대답했다.

"다 할 수 있어?"

너무 무미건조하게 물어본 것 같다는 생각이 든다면 아마 그 느낌이 맞을 것이다. 사실 생각을 거치고 나간 말이 아니라 입이 자동으로 움직여 한 말이었다. 그리고, 다음 순간 친구가 한 말은 정말 나의 심금을 울렸다.

"지금은 가능 불가능을 따질 때가 아니야."

영화의 절정 부분에 주인공이 읊을만한 대사를 한 친구는 전화를 끊고 공부를 하러 갔고 나는 속으로 친구의 결연한 의지에 박수를 보냈다.

우리는 살면서 꼭 해야 하는 일들과 마주한다. 그것이 하기 싫은 일이든, 좋아하는 일이든 말이다.

한 가지 경험이 있다.

얼마 전, 수학 학원에서 아이들을 가르치다가 한 가지 문제에 봉착했다.

"선생님, 이 문제 어떻게 풀어요?"

“....”

한 아이가 와서 문제 하나를 물어보았다. 그 문제를 가만히 들여다보고 있던 나는 속으로 이런 생각을 했다.

‘모르겠는데?’

그리고 이런 생각이 뇌에서 필터링되어 겨우 입으로 튀어나왔다.

“식이 조금 복잡해서 풀어보고 다시 알려줄게.”

사실 시간을 좀 벌려고 한 말이었다. 심지어 그 문제는 답지에 풀이과정도 없어서 오직 나의 수학 실력으로 풀어내야만 하는 문제였다.

그렇게 문제 풀이를 시작한 후, 30초가 지나가고, 1분이 지나가고, 결국 5분이 넘게 흘렀을 때 정말 식은땀이 흘렀다.

하지만 달리 뾰족한 수도 없었다. 그야말로 가능 불가능을 따질 때가 아니었다. 무조건 풀어내야만 하는 문제였다.

하지만 내 마음 한편에 있던 조바심이 커질수록, 문제는 더 풀리지 않았고, 결국 풀어냈을 때 생각보다 그렇게 어려운 문제가 아니라는 사실을 깨달았다. 문제의 해석을 잘못한 나머지, 완전 다른 방향으로 풀고 있었던 것이었다.

아무튼, 내가 그 자리에서 왜 그렇게 큰 조바심을 느꼈을까? 왜 식은땀을 흘린 것일까?

그것은 아마도 내가 그 자리에서 선생님으로서의 '책임감'을 가지고 있었기 때문이지 않을까 싶다.

학원에서 선생님이란, 말 그대로 공부를 알려주는 사람이다. 그렇다면, 내가 그 문제를 풀어내지 못했다면 결국 선생님이 아니게 되는 것이 아닐까? 내가 해야만 하는 일을 하지 못했으니 말이다.

물론 약간의 비약이 존재하기는 한다. 선생님이라고 해서 모든 문제를 알고, 모든 문제를 바로 풀 수는 없다. 심지어 나는 그냥 대학생이다.

하지만, 그렇다고 해도 선생님의 책임이 사라지는 것은 아니다.

따라서 나에게 부여된 책임에 대한 행동을 해야 하기에 그렇게 큰 조바심을 느꼈던 것 같다.

앞서 언급한 '좋든 싫든 해야만 하는 것들'이 이렇게 책임과 관련 있지 않을까?

당신은 직업, 혹은 그에 준하는 것을 가지고 있을 것이다. 학생이든, 직장인이든, 아니면 다른 것이든 말이다.

그리고 어떤 것이든 당신에게 부여된 자리, 지위에는 책임이 따른다. 그 책임의 경중은 사실 그렇게 중요하지 않다. 책임에 대한 행동을 하지 못한다면 당신에게 부여된 자리, 지위는 위태로워진다.

앞서 말한 친구와 한 전화통화에서도 이를 찾아볼 수 있다. 친구는 '대학생'이라는 신분이 있고, 그에 맞는 전공에 대한 지식을 습득하여야 한다. 그렇지 못하면 졸업을 할 수 없고, 몇 번의 학사경고가 반복되면 퇴학당하게 된다.

여기서 앞서 언급한 '지위'란 대학생이고, '책임'은 전공 지식 습득이며, '책임에 대한 행동'을 하지 못하면 퇴학당한다고 이해할 수 있다.

이렇게 사람의 '책임' 즉, 지위나 신분에 관련된 행동들은 우리가 최우선적으로 해야만 하는 것들이 아닐까? 정말 하기 싫을지라도 말이다.

그리고 세상은 이런 '그럼에도 해야만 하는 것들'에 의해서 덜컹거리지만 굴러가고, 불완전하게나마 유지되는 것이다.

따라서 우리는 책임에 대한 행동을 하면서 이 세상의 발전, 유지에 이바지하고 있다. 사회의 유지에 기여하고 있다.

즉, 책임, 그리고 그에 대한 행동은 우리의 세상을 구성하고 있는 가장 큰 조각들이다.

남이 운전하는 자동차

당신을 위해 기꺼이 감수하는 도로 위 스트레스

얼마 전 학교에서 '우주 공강'을 해소하기 위해 송도 근교로 드라이브를 갔다 왔다. 그때 같은 과 동기의 차량 조수석에서 노래를 고르고 친구들과 떠들면서 몇 시간을 보냈다.

요즘 이렇게 남이 운전하는 차를 탈 때 예전보다 더 편안함을 느낀다. 내가 운전석보다 조수석이나 뒷자리에서 훨씬 더 편안함을 느낀 이유는 무엇이었을까?

그 이유는 아마도 과거와 다르게 내가 최근 운전을 시작해서인 것 같다. 운전을 긴 시간 해온 건 아니다. 1년 남짓한 시간 동안 운전을 했지만 짧다면 짧은 1년의 시간 속에서도 정말 많은 스트레스를 받았다.

운전자 모두 각자의 사정이 있겠지만 버스나 정말 큰 트럭에 둘러싸여 운전하거나, 나는 맨 뒤부터 줄 서서 기다리고 있는데 내 앞에 끼려고 하는 사람이 있거나 하는 상황들 말이다. 특히 퇴근 시간에 송도에서 경기도로 빠져나가는 도로를 운전하면 정말 다 밀어버리고 싶은 충동에 빠진다.

운전하는 사람들은 모두 이와 같은 스트레스가 분명 있을 것이다. 이런 생각을 하고 며칠 후 친구 한 명과 이런 이야기를 했다.

"남이 운전해 주는 차 타는 게 그렇게 편하더라."

"ㅋㅋㅋㅋ 나도."

"…."

생각해 보니 얼마 전 그 친구는 내가 운전하는 차 옆자리에 타서 바다도 보고 카페도 갔던 친구였다. '아 맞네'하고 그 사실을 깨달은 나는 대화를 이어나갔다.

"좋았어?"

"응, 완전."

당시에는 그냥 그렇구나 하고 넘겼지만, 지금은 한 가지 의문이 생겼다. 조금만 생각을 해 보아도 운전할 때 스트레스를 받는 경우는 보통 혼자 운전할 때 스트레스를 받는 것 같았기 때문이다. 그 친구와 같이 있을 때는 운전을 하면서 스트레스를 받지 않았다. 심지어 나는 동네 친구들에게도 입버릇처럼 말한다.

"드라이브 가자."

이렇게 생각하면 운전에서 스트레스를 받는 게 아니라 혼자 하는 운전에서 스트레스를 느끼는 것 같다.

상상해 보자. 만약 당신이 싫어하는 사람이나 불편한 사람과 단둘이 운전을 해서 가야 하는 상황에 놓였다고 해보자. 그럼 과연 당신은 그 자리가 혼자 운전하는 것보다 편할까?

아마 아닐 것이다. 그렇다면 운전하는 데 스트레스를 받지 않을 때는 내가 어떠한 애정을 가지고 있고, 나와 유대감이 있고, 내가 친하다고 생각하는 사람과 같이 탔을 때가 아닐까?

아마 당신의 가정에서도 운전하는 사람이 있을 것이다. 전부 그렇다는 건 아니지만 보통 당신의 아버지가, 아니면 남편이,

어쩌면 당신이 운전을 할 것이다.

우리 집에서는 아버지가 운전을 하셨다. 한 성깔 하시는 분이지만 가족들이 타고 있을 때만큼은 운전하면서 스트레스를 받지 않는 것처럼 보였다. 적어도 그 사실을 표출하지는 않았다.

확률적으로 누군가와 같이 탔을 때와 혼자 운전할 때 도로 위 좋지 않은 것들과 마주할 확률은 어느 한 값에 수렴해야 한다. 운전 횟수를 무한히 반복한다면 말이다.

그 말은 즉, 운전하며 스트레스를 받을 확률은 모든 운전에서 같다고 봐도 무방하다. 따라서 운전을 싫어하는 사람은 당신과 같이 탔을 때도 운전하는 것 자체는 그리 달갑지 않다는 것이다.

그렇다면 당신이 만약 지인의 권유로 그의 차에 탔다면 그 지인은 당신을 아끼고, 어느 정도의 유대감이 형성되었을 확률이 높다.

그 지인은 도로 위 어떤 불편한 존재와 마주해도 당신과 같이 있으면 그런 스트레스쯤은 사소하다고 생각하는 것이기 때문이다.

우리는 다른 사람이 운전하는 차량, 혹은 그에 준하는 것들을 많이 탑승한다. 버스와 택시도 포함해서 말이다.

물론 버스와 택시는 내가 대가를 주고 탑승하는 것이기는 하다. 따라서 기사님들이 감당하는 도로 위 스트레스는 우리가 지불하는 금전적 대가로 상쇄된다.

하지만 보통 지인의 자동차를 탈 때는 보통 타는 것에 대한 대가를 요구하지는 않는다. 그러면 운전하면서 마주하는 스트레스는 어떻게 해소되는 것일까?

바로 당신과의 유대감에서 해소된다. 유대감이나 애정의 깊이가 깊다면 오히려 운전을 하는 것이 하지 않는 것보다 더 좋다고 느낄 수도 있다.

당신은 주변에 본인의 차에 타라고 권유하는 지인이 있는가? 있다면 그 지인은 당신을 조금은 특별하게 생각하는 것이다. 한 번쯤 고맙다고 전해주는 건 어떨까? 당신도 상대방을 아끼고 있다면 말이다.

소속감의 온도

우리는 왜 타인과의 관계에서 안정감을 느낄까?

2024년 3월, 복학한 지 2년째, 4학년인 나는 학과 MT에 따라갔다. 이 글을 보는 당신은 아마도 나에게 이렇게 말할 것이다.

"25살이나 먹고 무슨 MT를 따라가?"

나도 그렇게 생각했다. 그래서 가지 않으려고 했지만 갈 수 있는 마지막 MT이기도 하고, 같이 가는 동기들이 있기도 했고, 무엇보다 동기 중 한 명이 우리 과 학생회장이어서 그냥 가기로 했다. 대신 2박 3일인 MT 일정 중 1박 2일만 하기로 했다.

아는 후배가 거의 없었던 나는 가기 전부터 걱정이 조금 있었다. 아는 친구들도 없고, 새내기 친구들을 만나서 어떻게 대해야 할지, 어떻게 놀아야 할지 잘 몰랐기 때문이었다. 원래부터 이런 사람이었는지 묻는다면, 사실 그것은 아니다.

고등학생 때, 스무 살 때를 생각해 본다면 그 당시에는 모르는 사람에게 말도 잘 걸고, 처음 본 사람들이랑 재밌게 놀고, 선배들한테 먼저 다가가고 했었던 내가 기억이 난다.

하지만 지금 와서는 과거에 그랬던 나는 온데간데없고 후배들한테 먼저 말도 못 거는 소심쟁이로 변해 있었다. 그리고 이런 경향은 나에게만 적용되는 게 아니라 내가 아는 여러 사람에게도 대부분 적용되었다. 그 이유는 무엇일까? 조금 생각해 보았고, 내가 내린 결론은 다음과 같다.

처음에 당신은 내가 MT를 따라갔다는 말을 듣고 아마도 조금의 위화감을 느꼈을 것이다. 왜냐하면, MT는 보편적으로 새내기들, 학생회, 비교적 어린 친구들이 가기 때문이다.

그리고 비교적 나이가 많은, 그러니까 군대 갔다 와서 복학한 4학년과 같은 사람이 MT에 참여하는 것은 민폐, 혹은 눈치가 없다는 소리를 듣는다.

물론 이것은 보편적인 사실이 아니다. 4학년도 MT는 갈 수 있고, 후배들도 그렇게 민폐라고 생각하지 않는다.

적어도 내가 후배의 입장이었을 때에는 그랬다.

하지만 고학번이 MT를 가는 게 민폐라는 말이 있는 것만으로도 고학번들은 눈치를 보게 된다. 후배들에게 민폐를 끼치는 사람이 되기가 싫은 것이다. 그래서 평소의 내 모습보다 훨씬 소극적으로 변했던 것 같다.

어쨌든, 이런 생각을 가지고 참여한 MT는 결론적으로 정말 재미있었다. 아니, 단지 재미있었다는 말로는 부족할 정도로 나에게 의미가 있었다.

MT에서 진행한 게임, 술자리와 같은 것들도 물론 재미있었다. 하지만 정말 내 안 어떤 것의 울림을 가져온 것은 바로 MT의 일정 중 있었던 '장기자랑'이었다.

장기자랑은 MT 2일 차 마지막에 있었던 일정이다. 사실 나는 같이 온 형과 함께 장기자랑을 보고 집으로 가려고 했었다. 하지만, 장기자랑의 첫 무대를 보고 그 생각이 180도 바뀌어 버렸다.

장기자랑의 첫 무대에는 학과 밴드 소모임인 '밴드 갭'이 '악동뮤지션'의 '200%'와 '데이식스'의 '예뻤어'를 선곡해 공연했다.

24학번 새내기들이 하는 보컬과 기타 연주, 그리고 그를 보고 환호하는 사람들, 그러다 저마다의 핸드폰을 꺼내 플래시를 켜 흔드는 사람들까지. 이들을 보며 정말 오랜만에 느끼는 감정을 느꼈다. 말로는 설명할 수 없는 그런 감정 말이다.

그렇게 분위기에 취한 나는 장기자랑이 끝나서도 집에 돌아가지 않았고, 스무 살 때처럼 술을 마셨다.

그렇다면 내가 느낀 알 수 없는 감정은 무엇이었을까?

내 생각에, 그 감정은 많은 사람들이 같은 공간을 공유하고, 같은 시간을 공유하고, 같은 사건, 같은 무대 등 같은 것을 공유했을 때 느끼는 소속감, 혹은 그 소속감으로 인해 생기는 고양감이 아닐까 싶다.

우리는 장기자랑을 보며 거기 있던 시간을, 공간을, 감정을 공유했다. 그로 인해 우리는 '같은 학과'라는 관계를 맺었다. 그 자리에 있던 모두가 이를 느끼지 않았을까?

당신이 만약에 어떤 가수의 콘서트를 간다고 해보자. 당신은 고생고생하며 티켓팅을 해서 콘서트에 갈 것이다. 왜 그런 행동을 하는 것일까?

내 말은, 집에서 편하게 누워서 영상으로 보면 되는데 왜 굳이 귀찮게 콘서트 하는 곳까지 가서 공연을 보냐는 말이다.

만약 당신이 축구를 좋아해서 축구 경기를 직관하러 갔다고 해보자. 집에서 TV로 보면 되는데 굳이 왜 직관까지 하러 갈까? 직관까지 가지 않더라도, 왜 친구들과 치킨집에 가서 맥주를 먹으며 보려고 할까? 월드컵 시즌에는 왜 항상 치킨집이 만석일까?

당신의 친구 중에 그런 사람이 분명 있을 것이다.

'난 술은 싫어하는데 그 분위기를 좋아해.'

이런 것들은 모두 앞서 이야기했던 소속감에 의한 고양감과 관련이 있다고 생각했다.

우리는 타인과의 관계에서 안정감을 느낀다. 그리고 이 안정감은 우리가 느낄 수 있는 어떤 감정보다도 깊은 것이다. 이런 감정은 어디서 오는 것일까? 이런 말이 있다.

'인간은 사회적 동물이다.'

이 말은 고대 그리스의 철학자인 '아리스토텔레스'가 한 말이다. 즉, 사람은 다른 사람과의 관계가 없이는 절대로 살아갈 수 없다는 것이다. 이렇게 말할 수 있다.

"저는 혼자 사는 게 좋아요."

사실 그건 착각이다. 당신은 정말 혼자인가? 또한, 혼자 있는 것을 좋아하는가? 질문을 바꿔서, 당신이 혼자서 생존하는 것이 가능하기는 한가?

그건 불가능하다. 당신은 이미 사회 속에 존재하고 사회, 국가의 보살핌을 받으며 살아왔기 때문이다.

즉, 우리 모두는 진정으로 혼자가 되어 본 적이 없다. 당신이 만약 혼자 있는 걸 좋아한다면 그것은 정말 혼자가 되는 것이 좋은 게 아니다. 단지 당신이 선호하는 인간과의 관계가 일반적인 인간관계와는 살짝 거리가 있는 것뿐이다. 따라서 우리는 최소한의 소속, 관계는 있어야 한다. 그 이유는 무엇일까?

예전에 쓴 글에도 언급했듯 과거 사람들이 했던 오래된 약속 때문이다.

과거 인간은 서로의 생존을 위해 공동체를 만들고, 서로 협력했다. 공동체는 점점 살을 불려 나가 결국 지금의 국가, 사회가 되었다. 그렇다면 먼 과거 정말 혼자 있는 것을 좋아했던 인간들은 어떻게 되었을까?

모두 도태되어 남지 않았을 것이다.

따라서 우리의 유전자에는 타인과 관계를 맺어야 한다는 말이 새겨져 있을 것이다. 정말로 DNA 염기 서열에 그에 대한 유전 정보가 있는 것인지는 모르겠다. 말이 그렇다는 것이다.

그렇기 때문에 우리는 타인과의 관계에서 안정감을, 소속감을, 그에 기인한 고양감을 느낀다. 사람과의 관계는 인류의 역사 속에서 항상 우리를 지켜주었던 요소이기 때문이다.

이런 생각을 최근 MT를 갔다 오고 나서 했다. 그때 내가 느낀 감정은 무엇이었는지, 어떤 이유 때문에 내가 그런 감정을 느꼈던 것인지, 분위기에 취한다는 말이 어떤 것인지에 대해 생각해 보았다. 이 글은 그에 대한 결론이다.

당신도 이런 감정을 느껴 본 적이 있는지 궁금하다. 내 생각엔 아마도 있을 것이다. 그 경험은 당신에게 얼마나 소중한 경험인가? 한 번 생각해 보는 것도 좋을 것 같다.

있다 없으니까(feat. 씨스타 19)

이제는 조금 옛날 노래라고 할 만한 씨스타 19의 '있다 없으니까' 중에는 이런 가사가 있다.

'니가 있다 없으니까 숨을 쉴 수 없어. 곁에 없으니까 머물 수도 없어.'

– 씨스타 19, 있다 없으니까 –

갑자기 10년도 더 된 노래를 들고 와서 이야기를 시작한 이유는 다음과 같다.

2024년 여름 직전, 강의실에서 수업을 듣다가 이런 생각이 들었다.

'아 더워 죽겠다.'

올여름은 생각보다 늦게 와서 그렇게 더운 날씨는 아니었지만, 40명이 넘는 사람을 한 공간에 넣어 놓았고 여름을 앞둔 시기였으니 더운 건 어쩌면 당연한 일이었다.

하지만 사실 강의실이 이렇게 더운 이유는 따로 있었다.

앞서 언급한 수업을 듣기 2주쯤 전에 학교 측에서 공지가 올라왔다. 긴 공지였지만 가장 중요한 내용은 다음과 같다.

'에어컨은 5월 27일부터 가동합니다.'

이 공지를 보고 친구들과 온갖 욕을 해댔다.

"야, 미친 거 아냐?"

"이러다 타 죽는다."

"등록금 어디 갔냐?"

이런 이야기를 하면서 뭔가 위화감을 느꼈다. 사실 여름에 에어컨 가동 기간이 공지가 될 때마다 작년에도, 4년 전에도 비슷한 말을 했던 것 같았기 때문이다. 항상 에어컨을 너무 늦게 튼다며 궁시렁거렸다.

그렇게 과거의 기억을 되짚던 중, 분명 내가 살아왔었던 시기가 어렴풋이 생각났다.

당신은 어렸을 적 집에 에어컨이 있었는가?

내가 8~9살이었을 때에는 집에 에어컨이 없었던 것 같다. 당시 다니던 초등학교에도 에어컨은 없었다.

그저 스위치를 올리면 천장에서 원을 그리며 돌아가는 4~6대의 선풍기가 있었을 뿐이다. 친구들과 서로 선풍기 바람을 맞기 위해 선풍기가 도는 방향을 따라 움직이던 기억이 난다.

어쨌든, 그땐 에어컨이 없었어도 잘 살았다. 기억이 희미하지만 적어도 더워서 아무것도 하기 싫고, 잠을 못 자지는 않았다.

하지만 지금은 어떤가? 나는 지금 외부 온도가 30도만 넘어가도 밖에 거의 나가지 않는다. 꼭 나가야 한다면 외부에 노출되는 시간을 최대한 줄인다.

요즘 대학생들이 자취할 때 많이 찾는 원룸, 혹은 오피스텔, 심지어 단칸방인 고시원에서도 에어컨은 기본 옵션인 경우가 많다. 이렇게 에어컨은 우리가 사는 데 필수적인 요소로 자리 잡았다.

당신은 에어컨 없이 살 수 있는가? 일단 나에게 그 질문을 한다면, 나는 차라리 죽음을 선택하겠다고 답할 것이다.

이건 사실 좀 이상하다. 우리는 분명 에어컨이 없던 시절을 살아왔다. 당신이 어떤 삶을 살아왔는지는 모르지만, 꼭 당신이 아니어도 우리가 살아왔던 시대의 과거를 산 사람들은 무수히 많이 존재한다. 그 사람들은 분명 에어컨이 없는 시대를 살았고, 우리에게 에어컨이 있는 시대를 선물해 주며 역사의 저편으로 사라졌을 것이다.

그렇다면 과거의 사람들처럼 우리 또한 에어컨 없이도 잘 살 수 있어야 하지 않을까? 하지만 당신도 알듯이 그건 쉽지 않다. 이를 '역체감'이라고 하기도 한다. 역체감의 예시는 정말 많다.

예를 들어, 게임을 좀 하는 사람이라면 모니터의 '주사율'에 대해 신경을 많이 쓸 것이다. 모니터의 주사율이란, 영화나 동영상의 '프레임'과 비슷한 개념이다.

모니터는 화면에 보이는 영상이나 그에 준하는 것을 사진으로 아주 빠르게 보여준다. 이론상 인간은 초당 24개의 사진을 본다면 영상으로 인식한다고 한다. 초당 송출되는 사진의 개수를 프레임, 정확히는 'FPS'(Frame Per Second)라고 한다.

아무튼, 나는 모니터의 FPS 제한이 60이면 게임을 하지 못한다. 처음 게임을 할 때는 60 FPS 모니터에서도 불편함 없이 했지만, PC방의 컴퓨터 사양이 좋아지면서 144 FPS로 게임을 하다가 보니까, 이제는 60 FPS 모니터에선 화면이 버벅거리는 게 눈에 보여서 게임을 하지 못한다.

이런 것도 앞서 말했던 '역체감'의 일환이다.

다시 에어컨 이야기로 돌아와서, 에어컨 속의 사는 우리는 온실 속의 화초 그 자체가 아닐까? 아니, 말 그대로 '에어컨 속의 인간'이라고 표현해도 이제는 얼추 뜻이 맞을 듯하다.

이제 처음에 옛날 노래를 꺼내면서 이야기를 시작한 이유를 알겠는가?

우리는 없다가 있는 것은 괜찮지만, 있다가 없는 것은 견디지 못한다. 개인적인 생각으로, 이런 인간의 특성은 우리의 '이기적 유전자'에 기인한다고 생각한다. 여기서 언급한 이기적 유전자는 리처드 도킨스의 베스트셀러인 이기적 유전자가 아니다.

인간은 기본적으로 이기적인 동물이다. 인간뿐 아니라, 모든 동물, 식물, 미생물까지도 이기적인 특성을 가지고 있다. 오히려 인간은 이들 중에서는 가장 이타적인 존재이다.

아무튼, 인간은 기본적으로 이기심이 있기 때문에 타인의 것을 부러워하고, 원한다. 꼭 타인의 것이 아니어도 더 많은 돈, 더 많은 경험과 같은 것들을 열망한다.

하지만 우리는 나의 것이 아닌 새로운 것에 대해서 느끼는 열망은 보통 이성이 통제하는 범위 내부에 있다.

만약 당신의 지인이 복권에 당첨된 것을 보았다고 해보자. 그러면 정말 정신적으로 큰 충격을 받을까? 그 사람을 죽여서 뺏고 싶을까?

아마도 그건 아닐 것이다.

그렇지만 친구가 당신의 지갑에 있는 10만 원을 말도 없이 빼서 썼다고 해보자. 그러면 아마 그 친구와 연을 끊겠다고 난리치지 않을까?

이렇듯 우리는 본인의 소유에 있는 것이 없어지는 것을 극단적으로 싫어한다. 복권과 10만 원의 가치 차이는 거의 1000배에 육박하지만, 가치 차이를 넘어서서 고작 10만 원에 분개할 정도로 우리에게는 '소유권'이 중요한 요소이다.

앞서 이야기한 역체감, 에어컨 등도 이런 것들의 연장선상에 있다고 생각했다. 사실 이런 것들은 '적응'의 분야이기는 하지만 속성은 비슷하다고 생각했다.

무엇이든 이미 가지고 있고 누리고 있던 것을 빼앗긴다는 건 정말 큰 상실을 수반하기 때문이다.

따라서 우리는 현재 우리가 가진 것에 안주할 필요는 없지만, 소중하게는 여겨야 할 것 같다. 이런 말이 있다.

'익숙함에 속아 소중함을 잃지 마라.'

익숙함에 속는다면 우리가 가지고 있는 것들을 잃어버릴 수도 있다.

그리고 그 상실은 친구가 훔쳐간 10만 원보다 훨씬 무겁게 다가올 것이다.

순간의 저편

시간의 무게는 모두에게 같을까?

2024년 4월 1일, 문득 그런 생각이 들었다.

'벌써 4월이야?'

체감상 2024년이 시작한 지 정말 얼마 되지 않은 것 같았다. 2023년 2학기를 마치고 구월동에서 친구와 술을 마셨던 기억은 정말 어제 같았다. 하지만 시곗바늘은 내가 인지하지 못하는 시간, 그 틈새를 달리고 달려서 지금에 이르렀다. 같은 과 동기와 이런 대화를 했다.

"이제 시험 기간이야."

"… 벌써?"

앞서 언급한 술자리가 어제 같았다면, 이번 학기의 개강은 비유하자면 정말 10시간 전 같았다. 하지만 실제로 지난 시간은 내가 느끼는 시간의 몇백 배는 되는 것 같았다. 마치 블랙홀 주변에 잠깐 살다가 온 것처럼 말이다.

모르긴 몰라도, 당신도 이런 경험이 한 번쯤은 있을 것이다. 시간이 빠르게 가는 것처럼 느끼거나, 반대로 시간이 너무 느리게 간다고 느낀 적이 있을 것이다.

일반적으로 우리는 좋아하는 일을 할 때 시간이 빨리 가고, 싫어하는 일을 할 때 시간이 느리게 간다. 직장인들이 주말을 너무 짧다고 표현하는 것처럼, 첫 휴가를 나온 군인이 3박 4일의 휴가를 3.4초라고 표현하는 것처럼 말이다.

하지만 사실 우리가 살고 있는 지구의 시간 흐름은 매 순간 모두에게 거의 같다. 그렇다면 왜 이런 인식의 차이가 발생하는 것일까?

우리는 매 순간 시간의 흐름을 느낀다고 착각하며 살아가는 존재이기 때문이다. 사실 우리는 시간의 흐름을 거의 느끼지 못한다.

성인의 평균 심박수는 분당 60회에서 100회 정도이다. 100회라고 가정했을 때, 우리는 하루에 140만 번의 심장 박동을 경험한다. 당신을 이를 모두 느끼고 있는가?

아마 아닐 것이다. 140만 번은커녕, 하루에 한 번도 본인의 심장 소리에 귀 기울이지 않는 사람이 대부분일 것이다. 즉, 우리는 하루에 그토록 많은 심장의 떨림을 경험하면서도 그것이 정말 있는 것이라고 인식하지 않는다.

시간도 같다. 우리는 하루를 살면서 지금이 몇 시인지 수시로 확인하지만 정작 시간이 흐르는 것을 순수하게 느끼지는 않는다. 마치 시간이 존재하지 않는 것처럼 말이다.

만약 어떤 존재가 당신을 납치하여 칠흑 같은 어둠 속에 두었다고 해보자. 당신은 그곳에서 탈출하려고 노력하다 결국 자포자기하여 바닥에 누웠다. 그렇다면 아무것도 없는 공간에 있는 당신에게 들리는 소리는 무엇일까?

약간의 이명, 숨소리, 그리고 심장 박동 소리일 것이다.

당신은 아무것도 없는 공허에 들어서서야 비로소 당신의 심장 박동 소리를 느끼게 될 것이다. 그리고, 주기적으로 반복되는 박동 소리에 매너리즘에 빠지고, 종국엔 미쳐버릴 것이다.

그렇다면 시간은 어떨까? 당신은 이 글을 읽는 동안 적어도 1분의 시간을 소비했을 것이다. 그리고 이는 당신에게 그렇게 긴 시간이 아니었을 것이다. 또한, 보편적으로 1분의 시간은 매우 짧은 시간으로 인식된다. 하지만 정말 그럴까?

스톱워치를 켜서 아무것도 하지 말고 1분을 재 보면 1분이 얼마나 긴 시간인지 새삼 와닿을 것이다.

그렇다면 시간이 빠르게 간다고 느끼는 이유는 우리가 시간의 흐름을 느끼지 못할 정도로 어떤 주제나 본인이 하고 싶은 일들에 몰입했기 때문이 아닐까?

만약 당신의 시간이 너무 느리게 간다면 그런 것들을 찾지 못해서 시간의 흐름이 피부로 와닿기 때문이 아닐까?

즉, 시간을 빠르게 보내는 방법은 시간의 흐름을 잊는 것이다. 또한, 시간의 흐름을 느리게 하는 방법은 시간의 흐름을 느끼는 것이다.

당신의 현재가 너무 고통스러워 빨리 지나가기를 바란다면, 시간의 흐름을 잊게 할 수 있는 무언가를 찾는 게 어떨까. 그게 무엇이든 말이다.

아니면 당신이 행복한 나날들을 보내고 있어서 시간이 느리게 흐르길 바란다면, 시간이 지나감을 느껴보는 게 어떨까. 어떤 방식으로든 말이다.

소나무

마치 나무 같은 사람

요즘 유튜브나 인스타그램을 보면 강아지나 고양이를 비롯한 동물들의 모습이 많이 보인다. 그렇게 귀여운 동물들의 사진, 영상들을 보며 심장 아파하고, 행복해한다.

이런 사람들을 통틀어 '랜선 집사'라고 부르는데, 전 세계에 있는 수많은 랜선 집사들은 남의 집 애완동물에 주인 의식을 느끼고, 대리로 만족감을 얻는다.

또한, 주변에 반려견을 키우는 지인도 다수 존재한다. 애완동물을 키운다는 것은 생각보다 쉬운 일이 아니다. 밥도 챙겨야 하고, 씻겨줘야 하고, 종에 따라 산책도 주기적으로 가줘야 하는 등 여러 번거로운 일들이 수반된다. 하지만 그에 따른 행복의 크기도 작지 않기에, 사람들은 애완동물을 키우고 싶어 하고, 또한 그렇게 한다.

요즘 나의 SNS 알고리즘을 점령한 그런 귀여운 아가들을 보고 있다가, 문득 이런 생각이 들었다.

'움직이는 것 중에서 가장 징그러운 건 사람이다.'

단지 생긴 것이 징그럽다는 말은 아니다. 생긴 거로만 따지면 세상에 징그러운 것들은 너무나도 많다. 그게 곤충이든, 뱀이나 개구리 같은 파충류이든, 생명이 아닌 어떤 패턴 같은 것이든 말이다. 그렇다면 사람의 어디가 그렇게 징그러운 것일까?

만약 당신이 애완동물을 키우고 있다고 해 보자. 당신은 1년간 당신의 반려견과 신뢰를 쌓아 왔다. 일반적으로 반려견과 신뢰를 쌓는 데에는 1년이면 충분한 시간이다. 그 정도의 시간을 애정과 관심으로 보살피면 주인과 애완동물의 관계는 가족처럼 끈끈해진다. 정말 가족이 되는 것이다.

그렇게 쌓인 신뢰는 어지간해서는 무너지지 않는다. 당신의 애완동물은 죽는 순간까지 당신과의 추억, 채취, 손길, 체온 등을 기억할 것이다. 그렇다면 인간은 어떤가?

몇몇 사람들은 단지 본인이 불편하고, 여건이 되지 않는다는 것을 이유로 같이 살던 애완동물을 유기해 버린다. 그렇게 생겨난 유기견, 유기묘들은 길거리를 돌아다니다 로드킬을 당하거나 먹이 경쟁에 밀려 도태되어 죽어간다.

상대방의 입장에서 한 번이라도 생각해 봤으면 그런 짓을 할 수 있을까? 길바닥에 버리면 어떻게 되는지는 불을 보듯 뻔한데 말이다.

여기까지 한 애완동물 이야기는 많고 많은 징그러운 인간 중 하나의 예시이다.

우리는 살면서 많은 사람과 만난다. 그 사람들 중 몇몇은 마음에 들 것이고, 몇몇은 그저 그럴 것이며 몇몇은 본인과 잘 맞지 않아 거리를 둘 것이다.

하지만 나와 맞지 않는 사람은 그저 맞지 않는 것일 뿐, 절대로 그게 나쁜 것은 아니다.

앞서 언급한 '징그러운 사람'을 한 문장으로 말하기는 쉽지 않지만, 그래도 표현해 보자면 남에게 피해를 주고도 아무렇지 않고 당당하거나, 한술 더 떠서 피해자의 고통을 즐기고, 조소를 머금는 행동을 하는 사람이다.

최근에 이런 사람들을 많이 본 것 같다. 정상적인 사고로는 이해가 되지 않는 사람을 말이다. 현실에서 뿐만 아니라 인터넷이나 커뮤니티, SNS와 같은 플랫폼의 발달로 인해 익명성 뒤에 숨어서 남에게 피해를 주는 행동을 일삼는 사람이 생각보다 많다는 것을 깨닫게 되었다.

그 행동이 공감 능력의 결여인지, 아니면 어떤 결핍에 의한 것인지는 모르겠지만, 그건 중요하지 않다. 솔직히 별로 이해하고 싶지도 않다.

중요한 것은 그런 사람이 나의 주변에서 내 심장에 비수를 꽂을 준비를 하고 있을 수도 있다는 것이다.

그래서 지금은 과거보다 타인을 경계하게 된 게 아닐까? 속마음을 모두 내보이기가 힘든 것이 아닐까?

하지만 사람을 볼 때 항상 경계하고, 방어적인 자세를 취하고, 이 사람이 나에 대해 무슨 생각을 할지 고민하며 말하면 사는 게 너무 피곤할 것 같다. 이러니 저러니 해도 결국 상대방이 나를 어떻게 생각하는지는 알 수 없기 때문이다. 그렇다면 어떻게 해야 할까?

바로 강인함을 가지는 것이다. 깊은 곳에 뿌리내려 폭풍이 불어도 쓰러지지 않는 나무처럼 말이다.

땅 속 깊게 뿌리내린 나무는 바람이 불면 흔들린다. 더 센 바람이 불어도 그저 조금 더 세게 흔들릴 뿐이다. 폭풍이 와도, 갑자기 비바람이 불어도, 흔들릴 뿐 결코 쓰러지지 않는다.

그런 사람이 되고 싶다는 생각을 했다.

추억의 온도

나를 이루는 조각들

요즘 고등학생, 중학생 아이들을 보면 조금 안타깝다는 생각이 든다.

학원에서 선생님을 하다 보면 아이들과 이런저런 대화를 하는데, 그날 나는 오전 수업이 있어서 일찍 일어나 학교를 갔다가 출근한 날이어서 조금 피곤한 상태로 일했다.

"아 피곤하다."

이 말을 들은 아이들은 이렇게 말했다.

"몇 시에 일어나셨는데요?"

"9시."

"…"

순간 아이들의 경멸 어린 시선을 보고 나니, 내가 무슨 말실수를 한 것이 아닌지 조금 생각해 보았고, 얼마 지나지 않아 내가 무슨 망언을 한 것인지 깨달았다.

"쌤 저희는 6시에 일어나는데…"

"전 9시에 일어날 수 있으면 영혼이라도 팔고 싶어요."

왜 몰랐을까? 나도 그들의 나이일 때는 항상 아침 일찍 일어나 학교를 갔다. 밤마다 아침이 오지 않기를 바랬고, 기어이 온 아침은 나의 머리채를 잡아끌어 내 몸을 학교로 향하게 만들었다.

그렇게 과거를 되짚던 중, 문득 아이들의 하루 스케줄을 생각해 보았다.

6시에 일어나 학교를 가고, 학교를 마친 후에는 저녁을 먹고 바로 학원에 와서 공부를 하는 아이들을 보고 있자니, 조금 슬펐다.

솔직히 그 나이 때를 가장 빛날 때라고 하기는 좀 그렇지만, 뭐를 해도 재미있을 때고 인간관계에 대해 알아가야 할 시기이다. 그 시간을 공부에 전부 사용하고 있는 아이들에게 한마디 말을 했다.

"얘들아, 너희는 지금 놀아야 해."

선생님으로서 하면 안 되는 말일지 모른다. 아마 원장 선생님이나 아이들의 부모님이 이 글을 보면 화내시지 않을까? 그래도 놀아야 한다는 것만은 진심이었다. 나는 학창 시절 남부럽지 않게 친구들과 추억을 쌓고, 시험 기간엔 모여서 공부하고, 또 하다가 딴짓하고, 하며 되돌아보면 즐거운 학창 시절을 보냈던 것 같다. 그 말을 들은 아이들 중 한 명이 이런 말을 했다.

"대학교 가서 놀 거예요 쌤."

이 말을 듣고 솔직히 조금 충격을 받았다. 무엇이 아이들을 이렇게 만들었을까? 성인이 되어서 노는 거랑 그 전에 노는 것이 아예 다르다는 것을 모르는 것일까? 뭐 이런 생각을 했던 것 같다.

지금도 고등학생 때 친구들을 만나면 아직도 그때 이야기를 한다. 8년이나 지났는데도 말이다. 다른 점이라면 앞에 놓인 음료가 아이스티에서 술, 커피로 변했다는 것 정도이다.

만약 그런 추억들이 없다면, 유년 시절의 기억 중 남길 만한 것이 없다면 19년 동안 흘려보낸 세월에 담긴 의미는 무엇일까. 시험 성적? 입시 결과? 이런 것들은 세월이 지나면 잊힐 점수 따위에 불과하다. 심지어 본인의 의지가 아닐 수도 있다.

이를 위해 시간을 전부 할애하는 것이 과연 바람직할까?

물론 너무 이상적인 생각이긴 하다. 학업을 위해서 그 모든 시간을 갈아 넣어도 목표한 대학교에 가지 못하고, 대학교가 아니더라고 본인이 하고 싶은 일을 하지 못하는 사람이 허다하다. 그렇기에 매일 공부를 하고, 성적에 목메는 것이다. 이해는 한다.

하지만 사람은 유년 시절의 기억이 그 사람의 속성, 성격, 어쩌면 외형까지도 모두 결정지을 수 있는 중요한 시기이다.

꿀벌은 성체가 되자마자 벌집을 짓는 일을 자연스럽게 할 수 있다. 기린은 태어나고 몇 시간 후면 뛰어다닐 수도 있다. 그렇게 진화했고, 본능에 그렇게 새겨져 있기 때문이다. 다른 동물들도 비슷한 경우가 많다.

하지만 사람만은 성숙해지기까지의 시간이 매우 많이 필요하다. 거의 백지상태로 태어난다 해도 과언이 아니다. 그래서 사람에게 가장 중요한 것은 어린 시절의 기억, 정확히 말하면 가치관, 성격, 속성을 정하기까지 일련의 과정이다.

당신은 어떤 사람인가? 말로 하기 힘들 정도로 여러 가지의 속성을 가지고 있을 것이다. 착하다거나, 친절하다거나 하는 한 단어로 표현될 수는 없다.

사람이 그렇게 긴 유년 시절을 보내는 이유도 여기에 있지 않을까? 다른 동물들에 비해서 많은 것을 할 수 있는 이유도 그토록 긴 시간 동안 성숙해지기 위해 많은 경험을 하기 때문이 아닐까?

그렇다면 현재 우리가 느끼는 감정, 어떠한 판단, 선택과 같이 사는 데 필수적이고, 우리가 죽을 때까지 반복할 것들은 결국 유년 시절의 기억으로부터 비롯되는 게 아닐까? 범죄자가 좋지 않은 유년 시절을 보낸 것은 매우 전형적인 배경이지 않은가?

사람은 기본적으로 망각을 한다. 나도, 이 글을 읽는 당신도 어렸을 적 기억을 대다수 잊어버렸을 것이다. 하지만 없어진 것 같은 기억은 기억의 저편으로 넘어가 이미 당신이라는 사람을 이루고 있는 없어져서도, 없어질 수도 없는 한 부분이다.

그렇기에 유년 시절 추억을 쌓고, 여러 가지를 경험하는 것은 매우 중요하다.

이런 이야기를 내가 가르치는 아이들에게, 더 나아가 입시를 위해 공부에 전념하는 학생들에게 하고 싶었다. 물론 공부도 중요하지만, 내가 나를 봐도 괜찮은 사람이 되고 싶다면 많은 것들을 해 봐야 하지 않을까? 그리고 그렇게 이루어진 '나'라는 존재는 점수 따위로는 재단할 수 없는 사람일 것이다.

여행에 담긴 우주들

여행에 관한 고찰

"야, 일본 가자"

최근 내가 친구들한테 입버릇처럼 하는 말이다. 친구들은 내가 하는 이 말을 들으면 그만 좀 말하라고 타박하며 경기를 일으킨다.

요즘 여행을 가고 싶다는 충동에 사로잡힌다. 지인들 중에도 해외여행을 많이 다니고, 그곳에서 겪은 경험을 돌아와서 보따리 풀듯 말해주는 이가 적지 않다. 그들의 이야기를 듣다 보면 그들이 다녀온 여행지가 마치 손에 잡힐 듯 그려진다.

왜 하필 일본이냐 묻는다면, 그 이유는 사실 별거 아니다. 나는 해외에 가본 적이 한 번도 없고, 가장 만만한 곳이 일본이기 때문이다. 가깝기도 하고, 과장 조금 섞어서 요즘 오사카나 도쿄는 식당에 들어가면 "어서 오세요~" 하고 손님 응대를 한다고 한다.

주변에 일본을 가본 지인은 셀 수 없이 많다. 심지어 지금 일본에서 유학 중인 친구도 있다. 그만큼 여행의 측면에서 일본은 거의 제주도와 비슷한 수준으로 난이도가 내려왔다. 이렇게 말할 수 있다.

'그럼 가지 그랬냐?'

인정한다. 솔직히 마음만 먹는다면 당장이라도 갈 수 있는 곳이긴 하지만, 여태까지 그렇게 여행에 큰 의미를 두고 살지 않았고, 가봐야지 하는 막연한 생각만 있었을 뿐 막상 실행에 옮기진 않았다.

하지만 현생이 바빠지고, 연구실 출근을 하고, 학교도 다니며 그래도 나름 촉박하게 살다 보니 여행에 대한 욕구가 엄청나게 커졌다. 마치 기성품이 단종되면 가치가 올라가는 것처럼, 언제든 갈 수 있던 여행이 갈 수 없게 되니까 평소보다 훨씬 더 여행에 대한 욕구가 커졌다.

22살, 입대하기 3주 전에 혼자 제주도 여행을 다녀온 적이 있다. 가기 전에 아버지한테 이렇게 말씀드렸다.

"아빠, 나 제주도 갈래."

"웬일로 허락을 받냐? 알아서 해라."

"근데 돈 없음."

"?"

불타는 효자라고 말한다면 아마 그 말이 맞을 것이다. 가지고 있던 돈이란 돈은 노는 데 다 쓰고, 여행은 아버지한테 카드를 받아 갔으니 말이다.

아무튼, 그렇게 혼자 간 제주도는 좋긴 좋았지만, 힘들기도 했던 것 같다. 계획을 세울 때 3박 4일로 제주도 한 바퀴를 돌 계획을 세웠는데, 그게 얼마나 오만한 생각인지 여행 하루 만에 깨달았다.

정말이지 제주도가 그렇게 넓은 줄 몰랐다. 심지어 당시엔 면허가 없을 때라 버스를 타고 다녔는데, 하루에 2시간 넘게 버스 안에 있으면서 여러 가지 생각을 했던 것 같다. 그 생각들을 기록해 두었다면 거기서도 몇 가지 글이 나오지 않았을까?

어쨌든, 그렇게 간 제주도에서 한 일은 딱히 없었다. 단지 목표한 곳으로 가서 사진도 조금 찍고, 둘러보고 나니 남는 게 시간이었고 그렇게 공허한 시간 속에서 느낀 것은 외로움이었다. 사람은 혼자 살 수 없다고 했던가? 그 말이 피부로 와닿는 느낌이었다.

그래서 다음에 여행을 갈 땐 절대 혼자 가지 않겠노라 다짐했다. 혼자서도 잘 노는 사람은 분명 존재하지만, 그게 나는 아닌 것 같았다. 그래서 요즘 친구들한테 입이 닳도록 일본에 가자고 하는 것 같다.

조금 원론적인 이야기로 돌아와서, 우리는 여행을 왜 좋아할까? 여행을 가는 것은 보내는 시간에 비해 사용하는 돈이 다른 것에 비해 막대하다. 그럼에도 우리는 여행을 사랑하고, 휴가 시즌만 되면 여행지, 관광지를 찾는다.

당연한 이야기이지만, 이는 여행을 갔을 때의 만족감이 사용하는 재화에 비해 훨씬 크다는 것을 의미하지 않을까? 그렇다면 그 이유는 무엇일까?

여행을 가서 얻을 수 있는 것들은 돈으로 환산할 수 없는 것들이기 때문이다.

여행을 가면 그곳의 문화, 혹은 주민, 아니면 다른 곳에서 온 관광객과 서로 소통하고, 상호작용하며 여러 가지 경험을 한다. 이는 평소의 삶에서 절대로 느낄 수 없는, 정의하기 힘든 어떤 것이다. 그들의 문화 속에서 그들의 이야기들을 듣고, 나의 이야기를 공유하고, 그렇게 본인의 우주를 확장하고, 결국엔 '우리'라는 관계를 형성하는 것은 매우 특별한 경험이다.

즉, 여행 본연의 목적은 여행지의 랜드 마크, 자연경관 등을 보는 것도 있지만, 내가 살던 곳과 다른 문화를 경험하고, 잠시나마 그 속에 파묻혀 마치 원래 그곳에 살고 있던 것처럼 지내보는 것이 아닐까?

그렇다면 결국 여행을 간다는 것은 단지 쉬기 위한, 너무나도 바쁜 현생에서 도피하기 위한 수단이 아니라, 나의 세상을 확장하기 위한 방법이다.

결론을 어떻게 내야 할지 모르겠다. 그래서 여행은 좋은 것이다? 무조건 가야 한다? 이런 결론은 너무나도 진부하다는 생각을 했다. 하지만 모를 때는 그저 모르는 것으로 두는 것도 좋지 않을까? 본심이 아닌 것을 꾸며내어 그럴듯한 말로 적는 것은 그저 보이기 위한 글일 뿐이고, 조금 더 나아가면 위선, 더 나쁘게 말하면 기만일 뿐이다.

한 가지 확실한 것은, 여행은 우리 삶에 필수적인 것은 아니어도, 다채로운 경험이라는 것이다.

나는 상상한다. 가까운 미래에 일본에 있을 나를, 가고 싶었던 싱가포르의 풍경을, 스위스에 있는 드높은 알프스 밑에서 입을 쩍 벌리고 있는 나를, 미국에 있는 자유의 여신상 밑에서 똑같은 포즈를 취하고 있는 나를 말이다.

그런 경험을 하고 싶다. 그런 생각을 했다.

가을 냄새

갑자기 찾아온 가을

오늘, 그러니까 글을 쓰는 당일, 카페를 가려고 집을 나섰다.

공동현관 문이 열리자마자 나를 반기는 것은 1년 동안 잊고 있었던 가을 냄새였다. 그 향기는 마치 길고 긴 여름을 제치고 가을이 왔다는 것을 증명이라도 하는 듯했다.

드높은 하늘, 오후 5시인데도 넘어갈 듯 말듯한 해, 피부를 타고 전해져 오는 약간은 차가운 온도와 하늘에 점점이 보이는 구름들까지 모두 본인들이 가을을 데리고 왔다고 의기양양하게 말하는 것 같았다.

그렇게 가을 냄새로 나를 흔드는 아이들을 보며 고맙다고, 잘했다고 칭찬해 주고 싶었다.

올여름이 너무나도 더웠기 때문일까, 늦게나마 찾아온 가을이 최대한 오래, 또 너무 춥지 않게 곁에 머물렀으면 좋겠다는 생각을 했다.

예전에 출간한 책에서 이런 글귀를 쓴 적이 있다.

'어쩌면 가을은 겨울을 나기 위한 일종의 적응 기간이 아닐까.

앞으로 찾아올 고통과 시련에 대한 유예가 아닐까.

그렇다면, 가을이 점점 짧아지는 것은 세상이 쓸쓸함으로 뒤덮이는 과정이다.

또한, 겨울이 점점 추워지는 것에 대한 반증이다.'

– 우리가 사랑하는, 어쩌면 우리의 전부들, '가을의 의미' 중 –

가을이 점점 짧아지는 것 같다는 생각을 했다. 예전 기억을 끄집어내 보면 과거에는 분명 봄과 여름, 가을과 겨울이 확실하게 있었던 것 같다. 학교에서도 우리나라의 장점 중 하나가 '사계절이 뚜렷하다.'라고 가르쳤으니 말이다.

그렇게 나뉜 계절은 개개인으로 하여금 각자의 근원을 알 수 없는 감정을 일으키기에 충분했다.

하지만 지금의 가을은 그저 여름과 겨울을 잇는, 아주 얇디얇은, 그래서 손만 대도 끊어질 것 같은 위태로운 선일뿐이다.

그 선은 아주 조금만 차가운 바람이 불어도 그 온도를 버티지 못하고 끊어져 버린다. 그렇게 겨울이 온다.

친구와 이런 대화를 했다.

"갑자기 깜빡이 없이 가을이 와버림."

"겨울 좀만 늦게 오면 안 되냐?"

가을보다는 겨울을 더 선호하는 나이지만, 그래도 가을이 주는 알 수 없는 감정과 바람을 맞으며 느끼는 기분 좋은 온도를 아직은 놓치고 싶지 않았다.

이런 말이 있다.

'패션을 잘 아는 사람들은 여름에 덥게 입고 겨울에 춥게 입는다.'

이 말은 그저 여름에도 봄이고 싶고, 겨울에도 가을이고 싶은 사람들의 의지가 투영된 말이 아닐까?

이 글을 읽는 당신에게 당신의 계절은 무엇인지 묻고 싶다. 그리고 그 이유도, 그 계절에서 찾을 수 있고, 이미 찾아서 당신의 일부가 되어버린 의미도.

계절의 변화란 우리가 피할 수 없는 것, 그렇기에 나의, 당신의 계절이 지나가더라도 언젠가 시간이 지나면 다시 찾아올 계절을 그리며 살아가야 하는 게 아닐까?

푸르른 가을의 하늘 밑에서.

언어 장벽을 사이에 둔 두 앵무새

영어 울렁증

연구실에 출근하다 보면 이런저런 영어를 사용할 기회도, 영어를 써야만 하는 경우도, 독해를 할 일도 많이 생긴다. 연구실에서 보는 논문, 시약 주문, 발표 자료를 만들 때 등등 보통 영어를 사용하기 때문이다.

12년이 넘는 시간 동안 영어 공부를 해 왔지만, 아직도 영어란 나에게 절대 극복하지 못할 것 같은 높은 산과 같다.

그렇게 영어를 사용해야만 하는 많고 많은 이유 중에서 나를 가장 괴롭히는 것은 우리 연구실 박사님과 대화할 때이다.

박사님은 인도인이시다. 연구실에서 인도어를 사용할 수는 없기 때문에 보통 영어를 사용하신다. 같은 연구실에 있는 두 명의 친구들은 영어를 사용하는 박사님과 곧잘 대화하는데, 그 광경을 보고 속으로 이런 생각을 항상 한다.

'와… 어떻게 저렇게 하지?'

사실, 먼저 박사님이 나에게 말을 걸면 생각보다 영어로 곧잘 대화하긴 한다. 말을 하면서 '내가 이렇게 영어를 잘했나?' 라는 생각이 들 정도로 말이다.

그럴 때마다 영어가 모국어인 이가 나의 영혼에 들어와 말하는 것 같은 느낌을 받는다.

보통 영어를 할 때는 뇌에서 받아들인 영어를 한국어로 변환하는 과정을 거쳐 답변을 작성하고, 그 답변을 다시 영어로 번역해 입으로 튀어 나가는 일련의 과정이 필요하다고 생각하는 경우가 많다.

하지만 박사님이 나에게 영어로 말을 하면 영어를 영어로 받아들이고 다시 영어로 말했다. 그렇게 말하는 나를 보며 솔직히 좀 뿌듯한 적도 있었다.

그럼에도 박사님께 먼저 말 걸기가 쉽지 않다. 그래서 실험을 하다가, 혹은 논문을 찾아보다가 모르는 것이 생겼을 때 영어로 물어볼 수가 없어서 혼자 골머리를 앓았던 기억이 정말 많다.

아마도 자신감의 문제일 것이다. 나의 영어가 완벽하지 않다는 것을 알고 있기에 나오는 일종의 지연 현상이 아닐까?

아무튼, 이렇게 혼자 끙끙대던 중 학교 복도를 지나가다가 우연히 박사님의 통화 내용을 들었다. 당연히 영어, 혹은 모국어인 인도어가 나올 거라 생각했지만, 나의 귀에 다가온 소리는 뜻밖의 것이었다.

"아, 교수님. 말씀 많이 들었습니다!"

'?'

그 소리를 듣고 난 후 거의 10초 동안 사고가 정지했다. 내가 잘못 들은 것이 아닌지 수십 번 되뇌고 또 되뇌었다. 하지만 아무리 생각해도 들린 말은 해외에 한 번 나가본 적 없는 25년 차 네이티브 코리안 피플이 듣기에도 손색없는 한국어였다.

억양은 조금 달랐지만, 추임새와 높임말, 그리고 한국어에서만 볼 수 있는 인사말까지. 글로 써 놓고 보면 외국인의 입에서 튀어나올 말이 아니지 않은가?

솔직히 조금 배신감이 들었다. '이렇게 한국어를 잘하시는 줄 알았더라면 한국어로 많이 대화했을 텐데.' 뭐 이런 생각을 하며 말이다.

그렇게 연구실에 들어온 후 시간이 지나면 지날수록 박사님께서 한국어를 정말 잘하신다는 것을 깨달았다. 그 사실을 잘 알게 될 때마다 배신감도 비례해서 커졌다.

그렇게 박사님의 한국어를 듣고 멍해졌던 기억을 서서히 잊어갈 때 즈음, 학교 거리를 지나가는데 어떤 외국인이 나에게 말을 걸었다.

"#@$#@$@#@###%%#&$@$@#&"

'... 네?'

아마 그 사람도 인도인이었던 것 같다. 영어로 말하는 것 같기는 한데 인도 영어의 악센트가 너무 심해서 정말 한 단어도 알아듣지 못했다.

상대방의 말을 다시 듣고자 "Pardon me?"(다시 말해주실래

요?)라고 말했고, 그 외국인은 나에게 같은 억양으로 똑같은 말을 했다.

"@#@@$#@%^%##%#... delivery man...#@%#"

delivery man(배달 기사)이라는 말을 알아채자마자 하나도 들리지 않았던 그 사람의 말이 갑자기 해석되어 문장의 의미가 뇌리에 단번에 박혔다. 이런 말이었다.

"제가 음식 배달을 시켰는데, 배달 기사님의 위치를 몰라서 전화를 했어요. 근데 한국어를 할 수 없어서 혹시 대신 전화해서 그 위치를 나에게 알려줄 수 있나요?"

그 의미를 깨달은 나는 요청을 흔쾌히 수락하여 기사님과 전화를 하고, 배달 위치를 알려준 후 "have a good day~"라 말하고 수업에 늦어 강의실로 달렸던 것 같다.

지금 생각해 보면, 박사님께서 나에게 영어로 말하지 않고 항상 한국어로만 말했으면 그 사람의 말을 파악하지 못하다가 결국엔 번역기를 켜 상대방에게 내밀었을 것 같다.

가까운 과거를 되짚어 보면 박사님은 한국어를 거의 모국어처럼 사용하다가도, 나와 연구실 학생들에게 말할 때만큼은 거의 항상 영어를 사용했다.

이는 본인이 편하기 위해서라기보다는 우리에게 영어에 대한 자신감, 혹은 실력을 조금이라도 더 늘려주기 위함이 아니었을까?

그 이후로 박사님께, 그리고 세미나 강연을 오신 외국인 교수님들에게도 영어로 말하고, 영어로 질문하기를 주저하지 않게 된 것 같다.

우리는 어렸을 때부터 영어 공부를 한다. 의무 교육인 초등학교, 중학교만 따져 봐도 9년이란 시간을 영어와 함께 한다. 그럼에도 많은 사람들에게 이른바 '영어 울렁증'이라는 치료제가 없다시피 한 병이 만연해 있다. 나를 포함해서 말이다.

최근 이런 경험을 하며 한 생각이 있다.

영어는 '학문'이 아닌 '언어'라는 것이다.

당연한 소리를 한다고 생각할 수 있지만, 그 실상은 조금 다르다. 당신은 학생 시절 영어를 배울 때 언어로써 배웠는가?

장담하는데 절대 아닐 것이다.

be 동사를 시작으로 여러 가지 단어를 암기하고, 5 형식을 필두로 한 문법 등 그렇게 모이고 모인 조각들을 발휘하여 문장을 독해해 내고, 그렇게 쌓아온 것들을 기반으로 듣기 평가를 했을 뿐이다.

영어를 공부하면서 이런 생각을 한 적이 있을 것이다.

'뭐 이리 생략이 많아?'

이런 생각은 영어를 학문으로써 공부했기 때문에 생기는 생각이다. 영어란 결국 언어이기에 아주 오래전 영국인들이 자기들 편할 대로 쓰던 말과 그들의 언어 습관, 기교, 과도한 생략까지도 포함한다. 즉, 영국인이 '영어를 이렇게 사용하자!'라고 정한 것이 아니라는 말이다.

그런 것들을 먼저 접한 한국인이 '어떻게 한국인에게 영어를 효율적으로 가르칠 수 있을까?'라며 고민하다 나온 것, 그것을 발전시키고 더 효율적으로 바꿔 가며 오늘날 학교에서 배우는 영어가 된 것이 아닐까?

그리고 그렇게 배운 완벽한 영어를 하기 위한 학문으로써의 영어는 우리에게 현재 '영어 울렁증'이라는 이름의 언어 장벽으로 굳건히 우리를 가로막고 있다.

현대 사회에서 영어가 가지는 무게감은 정말이지 막대하다. 그 사실을 최근 뼈저리게 느끼고 있다. 영어를 쓸 일이 너무나도 많음을 실감한다.

그 장벽을 깨기 위해서 조금 더 노력해야 하지 않을까? 독해뿐만 아니라 외국인과 대화하고, 그들의 감정, 문화를 느끼며 소통하려고 한다면 책상 앞에 앉아서 공부하는 것보다 몇 배는 효율적으로 다른 언어를 할 수 있을 것이다.

언어를 배우는 목적이 지나가다가 말을 건 외국인에게 답변을 해주기 위해서일까? 시험을 통과하기 위해서일까? 그것도 아니면, 해외에 나갔을 때 외국인과 소통하기 위해서일까?

사실 이런 목적들은 아무래도 괜찮다.

필요한 상황에 단 한 번이라도 쓸 수 있으면 그것으로 된 것 아닐까?

그리고 그 한 번이 쌓이고 쌓여 세상과 소통할 수 있는 창을 열어주지 않을까?

그렇게 된다면 마치 집에서 주인의 말만을 듣고 주인의 목소리, 억양을 되풀이하는 앵무새와 같은 존재가 아니라, 새로이 생긴 창을 통해 세상으로 나가 바람을 타고 자유롭게 하늘을 누비는 새가 될 수 있지 않을까?

사람들 사이에서 잃어버린 공간(feat. 성수동)

2024년 10월 3일 개천절에 얼마 전 가야겠다고 결심한 '브런치 스토리 팝업 전시'를 보러 친구와 서울 성수동에 방문했다.

집을 나설 때 나를 반긴 것은 조금은 차가운 온도, 그리고 우산을 챙겨야 한다고 나에게 말하는 것 같은 약간은 흐린 하늘이었다.

나쁘지 않은 기분으로 지하철역에 도착해 성수동으로 향하는 길에서 만난 것은 인산인해를 이루는 1호선 지하철 안이었다. 지하철 문이 열리자마자 속으로 탄식했다.

'아….'

마치 모두가 작당모의해 내가 타지 못하게 벽을 세운 듯 서 있는 사람들을 보니 공휴일에 서울행을 결정한 과거의 나를 멍청하다 비웃고 싶었다.

생각해 보면 일이 있어서 서울을 방문할 때 항상 비슷한 경험을 하는 것 같다. 그렇게 많은 사람들 속에 파묻혀 있을 때면 이런 생각을 한다.

'내가 다시는 서울 오나 봐라.'

'너무 힘들다. 진짜 늙었나?'

당신도 아마 비슷한 경험이 있지 않을까? 우리는 이런 것을 보고 '기 빨린다'라고 한다.

보통 사람이 많은 곳을 가거나, 말이 정말 많은 사람과 같이 있으면 기가 빨리는 것 같다. 개인적인 경험으론 그렇다.

우리는 모두 개인적인 공간이 필요하다. 가족과 같이 살고 있는 집에서든, 목적지로 향하는 길에서든, 회사에서 일을 할 때이든, 사람 개개인은 본인의 보이지 않는 장벽을 가지고 있고, 이를 넘어오면 불쾌감, 내지는 불안감을 느낀다.

나에게는 그 불쾌감이 가장 증폭되었던 때가 있다.

2021년 6월, 논산에 있는 육군훈련소에 입소했을 때 대충 10평

남짓한 침상에 거의 20명이 모여서 생활한 적이 있었다.

그때 나에게 부여된 공간이라곤 폭 60센티미터, 길이 2미터의 공간이 전부였다.

그곳에서는 사생활 따위 존재하지 않는다. 내가 뭘 하든 옆에서 그대로 볼 수 있고 잘 때 옆으로 누우면 동기의 얼굴이 바로 앞에 있었다. 코를 조금만 크게 고는 사람이 있으면 밤잠 설치기 일쑤였다.

사람은 적응의 동물이라 했던가? 조금 지나니 익숙해져서 밤마다 기절하듯 잠들긴 했지만 그렇다고 좋은 경험은 아니었다. 내가 학교가 멀어도 기숙사를 살지 않는 이유이기도 하다.

아무튼, 개천절에 성수동에 방문해 길거리를 지나다니다 보니 목적지를 향해 정상적으로 걸을 수가 없었다. 사람이 너무 많아서 한 줄로 다녀야 했고 심할 때는 꽃게처럼 옆으로 다녀야 했다.

또한, 길이 좁은데도 꾸역꾸역 좁은 도로를 모두 차지하고 걷는 사람들도 있고 내가 피하지 않으면 부딪힐 게 분명한 상황에서 어깨를 피하지 않는 사람들도 있었다. 그중에서도 나를 가장 화나게 만든 존재는 그 해일과도 같은 인파 속을 뚫고 지나다니는 오토바

이와 차량이었다.

사실 상식적으로 생각해 보면 화를 낼 쪽은 운전을 하고 있는 사람들이다. 인도에 있어야 할 사람이 차도로 내려온 것이기 때문이다.

하지만 현실적으로 그 거리에서 인도로만 다니는 것은 불가능하지 않은가? 서울의 일명 '핫 플레이스'라고 불리는 곳들은 대개 인도가 매우 좁고, 차도마저도 협소해 차와 사람이 공존해 다닌다.

나 또한 서울에서 운전할 때 홍대, 건대, 성수 등 사람이 너무나도 많은, 거의 인도와 차도가 동일시되어버린 곳에서 차도로 걸어다니는 사람을 보고 화내지 않는다. 어쩔 수 없다는 것을 알기 때문이다.

어쨌든, 운전자의 입장에서도, 걸어 다니는 사람의 입장에서도 어쩔 수 없는 서울 도심의 병목 현상은 성수동을 돌아다니는 나에게 적지 않은 짜증을 불러일으키기에 충분했다.

그리고 집에 도착해서는 기진맥진해 제자리에 풀썩 쓰러졌다.

누워 있으면서 한 생각이 있다.

'육체적인 피로도로 보면 별 것 아닌, 그저 걸어 다니기만 했는데 왜 이렇게 힘들게 느껴지는 것일까?'

앞에서 언급했듯 정말 늙어서? 아니면 최근 운동을 하지 않아서 생긴 체력 부족?

사실 그런 이유가 아닌 것쯤은 이미 알고 있다.

내가 피곤함을 느낀 이유는 앞서 말한 '기 빨림' 때문이다.

성수동의 많은 사람들과 어깨를 부딪히고, 차량이 오는지 확인하고 신경 쓰면서 돌아다닌다는 것은 별 것 아닌 것 같아도 개개인에게 필요한 개인 공간의 침해로부터 비롯된 막대한 심력 소모, 혹은 피로를 동반한다.

그리고 그렇게 온 심력 소모는 '기 빨림'이라는 단어로 표현된다. 넘치던 의지도 한순간에 꺾이게 하고, 어서 집에 가고 싶다는 생각을 하게 만든다.

마치 피로도가 높은 게임 캐릭터처럼 아무것도 하지 못한다.

심각한 것은, 이런 문제는 근본적인 해결이 불가능하다는 점이다. 그저 집에서 쉬는 것, 그렇게 본인의 소모된 심력을 다시 채우는 것밖에 방법이 없다. 게임 속에서는 아이템을 써 피로도를 낮추기라도 하지, 현실에서는 그저 쉬는 방법뿐이다.

그리고 채워진 심력으로 우리는 다시 지인을 만나거나, 회사로 출근을 한다. 이런 루프를 죽을 때까지 반복하게 된다. 이런 방면으로 보면 인간은 참 불쌍한 존재라는 생각을 했다.

하지만 그럼에도 우리는 살아가야 한다. 세상에 너무나도 많은 '기 빨림', 피곤, 스트레스를 유발하는 것들이 만연해 있는 세상이지만 그렇다고 죽을 수는 없지 않은가?

'기 빨림'에 대한 해결책을 찾기 위한 글이 아니다. 최근 경험한 '기 빨림'에 대해 나의 경험을 보여주고 싶었고, 그에 대해서 조금 생각한 결과를 공유하고 싶었다.

오늘도 많고 많은 스트레스를 이겨내고 각자의 자리에서 본인의 역할을 충실히 수행해 낸 이들에게 박수를 보내고 싶다.

시간이 지나면서 점점 더 커져갈 스트레스, 기 빨림이지만 스트레스를 받아들이는 정도 또한 시간이 지나면서 적어지고, 무뎌지지 않을까? 앞서 말했듯 사람은 적응의 동물이니까 말이다.

그저 오늘 하루를 열심히, 치열하게 살자. 내일이 없는 것처럼 말이다.

그렇게 살아간다면 인생에서 몇 가지의 의미를 찾는 것 정도는 손쉽게 할 수 있게 될 것이다.

망각으로부터 나를 지키는 존재

지키고 싶은 기억들

예전에 친구가 나에게 이런 말을 한 적이 있다.

"나 오늘부터 일기 쓴다. 일기장 샀음."

그 말을 들은 나는 코웃음 치며 말했다.

"일주일도 못 간다에 손목 건다."

"손목 날아갈 준비 해라."

그리고 얼마 지나지 않아 그 친구에게 아직 일기를 쓰고 있는지 물어보았는데, 친구 말로는 일주일은커녕 3일도 가지 못했다고 한다.

그렇게 나의 손목을 지켜준 친구는 일기를 쓰기 위해 산 다이어리를 집구석에 처박아두고 아마 이제는 어디 있는지조차 까먹지 않았을까?

우리는 모두 일기를 쓴 경험이 있다. 초등학생 때 누구나 일기 숙제를 한다. 방학 숙제이든, 매일매일 하던 숙제이든 말이다.

하지만 이런 숙제를 위한 일기는 정말 나의 이야기를 담아내기가 쉽지 않다. 나의 내면, 남에게 보여주고 싶지 않은 모습과 조금은 삐뚤어진 감정들까지 일기에는 포함되기 때문이다.

따라서 우리가 어렸을 때 방학 숙제랍시고 한 달치 날씨를 확인해 가며 몰아서 쓴 일기는 정말 나의 안쪽을 써 놓은 일기가 아니다.

당신은 당신의 일기를 쓴 적이 있는가? 그런 귀찮은 걸 싫어하는 나이지만, 나도 일기를 쓴 적이 딱 한 번 있다.

그건 바로 나의 경험을 이야기할 때 허구한 날 나오는 군생활 시절이다.

입대한 지 얼마 되지 않았을 때, 익숙하지 않은 것들과 낯선 사람들 사이에서 무엇을 해야 할지 모르는 상태로 있을 때 하루하루를 마치며 일기를 썼다.

그 일기를 다시 펼쳐보면 웃음이 나온다. 온갖 욕설, 당시 좋아했던 이성, 받았던 인터넷 편지에 대한 내용 등등 정말 여러 개의, 손을 대면 바스러질 것 같은 문장들이 줄줄이 쓰여 있다.

내가 만약 내일 죽는다고 하면 가장 먼저 찢어서 버리고 싶은 것이 그때 쓰던 일기이다.

군생활에 조금 적응된 후에는 쓰지 않았지만, 그때 쓰던 일기는 당시 내가 느낀 감정들을 정말 고스란히 담아내고 있다.

그 일기를 최근 다시 살펴보며 든 생각이 있다.

우리의 기억력은 완전하지 않다. 망각이라는 존재가 우리의 기억을 호시탐탐 노리고 있기 때문이다.

그렇다면 일기는 우리가 망각으로부터 벗어나기 위한 발버둥이다.

아무리 까맣게 잊고 있던 기억들까지도, 그 당시에 쓴 일기를 살펴보면 그때의 기억이 마치 손에 잡힐 듯 생생하게 살아난다.

만약 어렸을 때부터 지금까지 쭉 일기를 써 왔으면 어땠을까? 그렇다면 일기장이라는 외장 메모리에 저장된 나의 기억들을 잃어버릴 일은 없지 않았을까?

우리는 기억과 추억을 소중히 생각한다. 기억은 사실상 나라는 존재를 이루는 전부이기 때문이다.

그렇다면 기억을 잃는다는 것은 나를 잃어버리는 것이 아닐까? 나를 이루고 있는 조각들을 시간이 지나며 하나씩 떨어뜨리고 가는 것이 아닐까?

심지어 그 사실을 깨닫지도 못한다.

먼 미래에 가서 숭숭 뚫려버린 자신을 보고 이렇게 말할 뿐이다.

"언제 이렇게 되었지?"

이를 우리는 '늙어간다'라고 표현한다.

늙는다는 것은 우리가 가지고 있던 기억들을 하나씩 잊는 것, 몸의 노화보다 정신적인 노화가 존재를 유지하는 데 훨씬 치명적이다.

사람들 중에는 노화를 막기 위해 매일 썬크림을 바르는 사람도 있고, 피부과를 다니며 관리를 받는 사람도 있다.

하지만 이런 것은 외적인 것, 표면이 늙지 않는다고 해서 시간이 지나며 자연스럽게 올 망각으로부터 비롯된 노화는 그런 것으로 막을 수 없다.

그렇다면 우리는 일기, 또는 그에 준하는 것으로 기억의 조각들을 붙잡고 있어야 하지 않을까?

그렇게 유지된 나 자신은, 조금 멀다고 할 수 있는 미래에도 본인의 존재를 지킬 수 있지 않을까? 또한, 새로운 세상의 파도에도 휩쓸리지 않고 버텨낼 수 있지 않을까?

오늘도 빛나는 너에게

어쩌면 모두의 이야기

얼마 전 인스타그램 피드를 확인하다가 이런 글귀를 본 적이 있다.

'작은 파도들 때문에 스스로가 바다임을 잊지 마라.'

인스타그램, 혹은 브런치스토리 등 사람이 포스팅하는 플랫폼에서는 이런 글귀가 심심치 않게 올라온다. 그 많고 많은 글 중에서 앞서 말한 저 글귀를 꼭 집어서 언급한 이유는 내 주변에 저 말을 해주고 싶은 사람이 요즘 너무나도 많기 때문이다.

힘든 세상이 온 걸까?라는 생각이 들 정도로 최근 들어서 그저 살아가는 것이 힘겹다고 생각하는 사람들이 늘었다.

학과에 새로 오신 교수님께 시달리는 사람도 있고, 개인적으로 힘든 일이 겹쳐 지금은 연락조차 되지 않는 사람도 있다.

내 주변에 각자의 너무나도 감당하기 벅찬 어려움을 가지고 있는 사람을 나열하자면 끝이 보이지 않을 것이다.

힘들다는 것은 상대적인 것이기 때문에 나에게 별거 아닌 것도 다른 사람에게는 엄청난 무게로 다가올 수도 있다. 또한, 기쁜 일이든, 슬픈 일이든, 힘든 일이든 타인이 겪은 일에 대해 함부로 말하는 것은 그 사람에게 아주 큰 실례이다.

하지만, 위로가 될 수 있는 말이나, 기쁨을 나눌 수 있는 말 정도는 해줄 수 있지 않을까? 이 글은 최근 각자의 어려움을 가지고 있는 사람들에게 해 주고 싶은 말이다.

각자의 자리에서 열심히 사는 지인들을 만나면 헤어질 때 이런 말을 한다.

"고생해라."

사실 고생하는 사람에게 또 고생하라고 하는 건 직역하면 욕설이 될 수도 있지만, 다들 알듯이 그냥 관용어일 뿐이다.

아무튼, 그렇게 지인들의 멀어져 가는 뒷모습을 보고 있자니

왠지 모르게 조금 쓸쓸한, 또 위태로운 것 같았다.

기분 탓일지 모른다. 내가 타인의 사정을 조금은 알기 때문에 생긴 확증편향일 수도 있다.

하지만 그렇다 하더라도 조금 전 나에게 감정을 쏟아내고 거친 파도에 홀로 맞선 새하얀 등대처럼 서 있는 것을 보니 정말로 그런 것 같았다.

등대는 바다에 홀로 서 있다. 세찬 파도를 맞고, 짜디짠 소금물에 절여져 가고, 태풍이 몰아칠 때도 그저 흔들리지 않고 서 있을 뿐이다.

힘들겠지만, 등대란 바다의 길잡이이자 이정표이다. 등대가 파도에 밀려 쓰러진다면 등대를 보고 항해하는 배들 또한 파도를 맞고 침몰하게 된다. 그렇기에 꼭 필요한 존재가 아닐까?

그렇게 어렵게 보내는 세월에서 발하는 빛을 보고 언제까지고 따라오는 사람이 있는 법이다.

그리고 그런 사람 중 하나가 나다.

내 주변에 있는 수많은 빛은 나를 멈추지 않게 만든다.

그런 빛에게, 나를 멈추지 않게 하는 당신에게 감사할 뿐이다.

그리고 어느 순간에는 내가 발하는 빛을 보고 따라오는 사람이 생겨났으면 좋겠다는 생각을 했다.

2부

의미의 파동

네 마음에 닿는 반직선

연락의 중요성

학원에서 아이들과 이야기를 하다가 엄청난 세대 차이를 발견한 적이 있다.

“너희는 요즘 연락 뭐로 해?”

“당연히 DM이죠~”

DM이란, 인스타그램의 ‘Direct Message’를 칭하는 말로, 어떻게 보면 인스타그램의 부가 기능이다. 부가 기능이라고 하기에는 인스타그램 이용자의 대다수가 사용하고, 목적이 DM에 있는 사람도 많을 만큼 큰 비중을 차지하고 있지만, SNS의 특성상 그렇다.

나 또한 DM을 자주 이용한다. 인스타그램으로 하는 거라고는 지인들이 올리는 스토리 확인뿐이지만, 종종 DM을 보내거나 받는 일상이 이미 익숙해져 있다.

하지만 내가 그런 세대 차이를 느낀 이유는 따로 있다. 반평생 함께해 온 '카카오톡'의 존재 때문이다.

어렸을 적, 그러니까 스마트폰이 출시되고 카카오톡이라는 어플이 출시되고 나서 정말 카카오톡이 없으면 살 수 없는 지경에 이르렀다. 카카오톡의 이용자가 너무 많은 나머지 서버가 마비되어 먹통이 되었던 기억도 흐릿하지만 여러 번 존재한다.

이렇게 스마트폰이 출시됨에 따라 각 나라별로 주로 쓰는 메신저 어플이 자연스럽게 정해졌다. 많을 수는 없는 게, 발신자와 수신자 모두 그 앱을 사용해야 하니 가장 많이 사용하는 몇 가지로 수렴하는 것이 자연스럽기 때문이다.

아무튼, 아이들에게 카카오톡에 대해서 물어보았고, 이런 이야기를 들었다.

"카카오톡은 그냥 단톡방 말고 안 쓰는 것 같아요."

당연히 더 좋고, 편리한, 혹은 세련된 다음 세대의 것이 나오면 교체되는 게 자연스러운 현상이다. 하지만 지금도 사용하고 있는 것들이 조금만 있으면 사용되지 않을 수도 있다는 것이 조금 나의 가슴을 아리게 했다.

마치 예전에 '싸이월드'가 사라진 것처럼, 카카오톡도 그렇게 역사의 뒤편으로 사라지지 않을까?

서론이 너무 길어진 것 같다. 이런 메신저 앱들의 흥망성쇠를 다루기 위해 쓴 것이 아니다. 친구와 약속을 잡고, 놀다가 헤어질 때 이런 말을 하는 경우가 많다.

"연락해~"

물론 단순한 인사치레이다. 하지만, 연락하라는 말이 인사로 사용된다는 것은 우리가 연락에 대해 어느 정도의 의미를 부여하고 있다는 뜻이 아닐까?

연인이 싸우는 많고 많은 보편적인 이유 중 하나가 연락 문제인 것은 우리가 연락에 대해서 중요하게 생각한다는 것에 대한 반증이다. 한 번은 친구가 이런 적이 있었다.

"내 여자친구가 술 마시고 연락이 안 돼."

"미친 거 아님?"

앞뒤 내용을 전부 잘랐지만, 이런 대화였다.

애인이 술을 마시고 연락이 끊기면 왜 걱정이 되는 것일까?

많고 많은 이유가 있지만, 결국 술자리에서 무슨 일이 있는지 모른다는 것으로 귀결되지 않을까?

그리고 이런 걱정을 받는 사람은 이를 '집착'으로 느끼기도 한다. 그리고는 서로 이런 논리로 싸움을 시작한다.

'연락 한 번 하는 게 그렇게 어려워?'

'왜 이렇게 집착해?'

사실 두 말 다 틀린 말은 아니다. 따라서 이렇게 시작된 싸움은 각자의 평행선을 달려 좀처럼 쉽게 끝나지 않는다. 한쪽이 감정적으로 굽힐 때 비로소 끝나게 된다.

또한, 연인 사이가 되기 전에도 연락은 중요하다.

내 생각엔 오히려 서로의 마음을 확인한 이후보다 그전 상태에서 하는 연락이 백 배는 더 중요한 것 같다.

서로의 마음을 모르는 상태에서 연락을 소홀히 한다면 상대방은 이렇게 생각하지 않을까?

'얘가 나한테 관심이 별로 없구나.'

이 생각은 아마도 대부분 사실이긴 하지만, 그렇지 않은 경우에서는 또 다르다.

내가 상대방에게 마음이 있는데 답장에 소홀하다는 것은 어떻게 보면 모순이 아닐까?

그리고 그 모순으로부터 비롯된 감정의 어긋남은 인연이 될 수도 있는 서로의 실을 가위로 자르듯 끊어버린다.

그래서 사람의 감정은 항상 어려운 것 같다.

연락이 중요한 이유는 더 있다. 굳이 연인이나 알 수 없는 친구들의 경우가 아니어도, 연락을 해야만 하는 상황에 놓여서 연락을 하지 않는 것은 상대방에게 큰 실례이다.

약속시간에 늦으면 늦는다고, 고맙다면 고맙다고, 미안하다면 미안하다고 연락 한 번 하는 것은 내가 쓰는 노동력에 비해 상대방이 얻는 시간, 감정의 양이 압도적으로 많다.

그리고 그렇게 상대방이 얻은 무형의 것들은 본인에게 다시 되돌아오기 마련이다.

그렇게 쉬운 것조차 하지 않는 사람들은 그냥 회피가 일상인 사람일 뿐이다. 솔직히 별로 좋아하진 않는다.

연락이라는 건 나와 주변 사람들을 연결하고 있는 선과 같다.

그 선이 붉은 실이든, 필요에 따라 맺어진 관계이든, 정말 친한 친구이든, 어떤 상황에서도 그 선의 가치는 내가 연락할 때 쓰는 에너지보다 훨씬 높다.

그렇기에 우리는 연락을 소홀히 해서는 안 된다. 연락을 해야만 하는 경우에서는 더더욱.

그렇게 조금 귀찮더라도 쌓여간 데이터 쪼가리들은 사라지지 않고 서로의 감정선, 기억 속에 남아서 언젠가 인연이라는 이름으로 빛을 발할 것이다.

아침의 나를 이기는 방법

나를 끝내 깨우지 못한 알람 소리

핸드폰에 진동이 울리길래 확인해 보았더니 이런 알림이 도착해 있었다.

'금일 기기분석 2 수업은 휴강입니다.'

요즘 교수님들이 휴강을 많이 하신다. 사실 휴강을 할 때는 기쁘지만, 그 대가를 가까운 미래에 내가 감당해야 한다는 것을 이미 알고 있기에 기쁨과 슬픔이 공존하는, 말로 표현할 수 없는 감정이 눈에 보일 듯했다.

아니나 다를까, 다음 수업 때 교수님께서 말씀하셨다.

"보강은 금요일 9시에 할게요."

교수님께서 그 말을 입 밖으로 꺼낸 순간, 얼음물을 들이부은 것 같이 차가워진 강의실의 분위기를 나는 봤다. 과연 봤다고 할 수 있을지는 모르겠지만 말이다.

금요일 1교시 수업이라는 말의 무게를 교수님은 과연 아실까? 그런 생각을 하던 중, 교수님과 눈이 마주쳤고 그 순간 교수님의 마음속 생각이 마치 귀에 들리는 듯했다.

'내가 제일 하기 싫다 얘들아.'

사실 사람은 다 똑같다.

수업이 끝나고 나서 친한 후배들과 이야기를 조금 했다. 이야기를 들어 보면 수업 하나에만 국한된 일이 아닌 듯했다.

여기저기서 들려오는 휴강 소식에 누구는 기쁨을, 누구는 짜증을 표출했고, 누구는 어차피 수업 듣는 시간은 똑같은데 왜 짜증을 내냐는 말을 했다.

그렇게 대화를 마치고 나서 금요일 9시 수업을 가기 위해 아침 일찍 일어나는 나를 상상해 보았다.

‘….’

단전에서부터 한숨이 쏟아져 나왔다. 자기 전에 6시 30분 알람을 맞춰 놓고, 시간을 자꾸 확인하며 ‘지금 자면 얼마나 잘 수 있지?’ 따위의 생각을 하는 나를 상상하니 몸에서 힘이 쭉 빠져나가는 것 같았다.

그렇게 금요일 아침이 왔고, 아이폰의 스피커에서 들리는 짜증 나는 알람소리는 내 눈꺼풀을 기어코 들어 올렸다. 내 몸을 일으키기는 못 했지만 말이다.

“시리야…”

“네.”

“10분 뒤 알람 맞춰줘…”

‘10분만 자고 일어나서 가자’라는 생각을 하며 눈을 감은 나는 마침내 눈을 떴을 때 알 수 없는 위화감을 느꼈다.

그리고 위화감이 드는 이유는 그 당시의 나도 알고 있었고,

지금 이 글을 읽는 당신도 아마 알고 있을 것이다.

번개처럼 일어나 핸드폰의 시계를 확인했다. 그때 내가 몸을 일으키는 속도는 아마 25년의 인생 중 거의 최고의 속도였다.

핸드폰을 켜자, 잠금 화면 상단에 몇 개의 숫자가 눈에 들어왔다.

‘7:30’

“이런 ******”

차마 글로는 쓰지 못할 욕설을 내뱉었다. 나를 깨우지 못한 시리에게 하는 욕인지, 아니면 일어나지 못한 나에게 하는 욕인지는 모르겠지만 말이다.

그렇게 일어나 씻으러 튀어 들어가면서 속으로 시간 계산을 했다.

‘씻는 데 10분, 옷 입는 데 5분, 차 빼는 데 5분, 학교 가는 데 대충 1시간 잡으면....’

가능하다는 생각을 했다. 이 생각이 얼마나 어리석은 생각인지, 인간이 얼마나 한 치 앞도 내다볼 수 없는 무력한 존재인지 깨닫기까지는 얼마 걸리지 않았다.

그렇게 나와서 운전을 하는 도중, 아직도 갈 길이 먼데 차가 앞으로 움직이지 않았다. 고속도로로 들어가는 길에 사고가 나서 생긴 교통 체증 때문이었다.

집에서 나올 때 조금은 여유로운 마음을 가졌었지만 그 여유로움은 초조함으로 바뀌었고, 초조함은 분노로, 마침내 지각이 확정되었을 때에는 체념으로 바뀌었다.

다들 비슷한 경험이 있지 않을까?

학교를 가거나, 약속이 있거나, 출근을 하는 사람들은 항상 아침 햇살과의 싸움을 한다. 나는 천성이 게으른 사람이라 이 싸움에서 거의 모두 패배하고 만다. 솔직히 조금 걱정이다. 아직 아침과의 싸움에서 이겨본 적 없는 내가, 점점 사회에 나갈 나이가 되고 있으니 말이다.

지금 늦게 일어나는 건 단지 내 성적이 A+에서 B+로 내려갈 뿐이다. 하지만 출근을 늦게 하는 건 그 정도의 문제가 아니지 않은가?

머지않은 미래에 졸업을 하고, 취업 준비를 통해 회사에 취업할 나를 상상해 보면 뭔가 첫 단추부터 어긋나 있다는 생각이 들고는 한다.

회사에 출근해 상사한테 혼나고, 업무를 하고, 회식을 가고 이런 것들을 상상하기 전에 알람 소리를 듣고 일어나는 것 자체가 가능한 건지 알 수 없어서 그 이후는 생각조차 하지 못했다.

한 5년쯤 더 지나서 이 글을 봤을 때 어떤 생각이 들지 모르겠다. 과거의 내가 아무것도 모르는 이였다고 생각할지, 아니면 네 말이 맞았다고 할지는 미지수이다.

앞에서도 언급했듯 우리는 항상 나를 일으키려는 햇빛, 알람 소리와 싸우고 있다. 그렇다면 우리는 매일 눈을 뜨자마자 편하게 일어나지는 못하는 존재라는 것이 아닐까.

매일의 시작마다 힘든 싸움을 하고 있는 나에게, 또 이 글을 읽는 당신에게 격려를 보내고 싶다.

아침에 일어나는 게 힘든 것은 당연하다. 그로 인한 피로감에 휩싸여 저녁에 아무것도 하지 못하고 쉴 수밖에 없는 것도 잘 안다. 내가 그랬고, 지금도 그러고 있으니까 말이다.

하지만 이 글을 쓰는 오늘을 기점으로 조금만 더 부지런해져 볼까? 아침에 조금만 일찍 일어나 볼까? 밤에 조금만 더 일찍 잘까? 운동도 매일 가고, 해야 할 실험이나 다른 일들도 미루지 말고 해 볼까? 이런 생각을 했다.

막상 글로 써놓고 보면 별 거 아니지만, 실제로 행동으로 옮기면 하루 만에 의지가 바닥날지 모른다.

하지만 언젠가는 극복해야 하기에, 해야만 하는 일이기에 하는 것뿐이다.

당신이 이 글을 보고 자극받았으면 좋겠다는 생각을 했다.

그리고, 이 글을 보고 자극받은 당신에게 부끄럽지 않도록 앞서 말한 것들을 지켜나가고 싶다는 생각을 했다.

ps. 물론 내일부터.

백색 캔버스 위 나를 그리다

매너리즘에 관한 고찰

계속 예전에 한 말들을 가져오는 것 같지만, 전에 출간한 책에서 이런 말을 한 적이 있다.

'일상적인 반복은 우리의 삶에 지루함을 준다. 그리고 그 지루함에 압도된다면 지루함을 느끼는 것을 넘어서 정신이 닳아버리기도 한다.'

– 미다스북스, 우리가 사랑하는, 어쩌면 우리의 전부들, '뻔한 반복의 향연' 중 –

이를 '매너리즘'이라고 한다.

하지만 내가 알기로 매너리즘이란 단어는 이런 데 쓰는 게 아니다. 아마도 르네상스 시대와 바로크 시대의 사이에 존재하는, 예술로써 기술된 작은 시대의 파편인 것으로 알고 있다.

조금 찾아보니 최근 매너리즘이 왜 반복에 지루함을 느끼는 것을 뜻하는지, 그로 인해 지치고 힘들어하는 것을 일컫는지 알 것 같았다. 그 이유는 다음과 같다.

예술사에서 매너리즘 시대에는 왜곡되고 과장된, 그래서 기괴한 형태의 작품이 많이 등장했다고 한다.

그리고 그런 작품들이 모두 비슷한 특색을 가지고 있어 오히려 반복되는 것처럼 보이고, 작품만의 특색을 잃어버렸다. 이 부분에서 파생되었다는 이야기가 있다. 참고로 사실 여부는 검증되지 않았고, 검증할 수도 없다.

아무튼, 우리가 말하는 매너리즘은 예술사와 접점이 없어도 모두가 한 번씩은 느낀 감정들이다. 작게는 영화나 드라마의 지루함, 크게는 매일의 일상이 똑같아서 느끼는 무기력감까지 모두 매너리즘이 아닐까?

이런 생각을 하다가 문득 되살아난 기억이 하나 있다.

중학교 3학년 때 영어 말하기 수행평가에서 있던 일이다.

당시 우리 학교에는 원어민 선생님이 계셨는데, 그 선생님과

일대일로 우리나라 신화에 관한 이야기를 1분 동안 하는 것이 주제였다.

당신에게 물어보고 싶다. 당신은 저 주제를 들었을 때 어떤 신화를 시험에서 말할 것인가?

대다수가 아마 '단군 신화'에 관해 이야기할 것이라고 확신한다. 솔직히 우리나라 신화에 대한 내용은 단군 신화 말고는 거의 없다시피 하지 않은가? 물론 내 지식이 얕아서 모르는 걸 수도 있다.

아무튼, 우리는 반에서 너도나도 '단군 신화'의 내용을 영작하고, 서로 문법이 어떤지 봐주고, 단어를 알려주며 연습을 했다.

그리고 똑같은 주제로 모든 반이 다 시험을 봤으니 아마 그 시험을 본 사람이 300명은 우습게 넘었을 것이다.

그 당시 간과한 것이 하나 있다. 300명이 넘는 사람에게 똑같은 이야기를 들어야 하는 원어민 선생님의 심정에 대해서 말이다.

그렇게 수행평가 시간이 찾아왔고, 내 이름이 불려 복도로 나가서 원어민 선생님과 마주 보고 앉았다. 그리고는 수행평가를 시작했다.

말하기 시험을 할 때 시작의 정석이라고 할 수 있는 자기소개부터 시작해서 내가 이제부터 어떤 이야기를 할 것인지 말하려 했다.

그렇게 자기소개를 했고 다음으로 단군 신화에 대한 언급을 하는 순간 선생님이 뱉으신 한 마디를 나는 기억한다.

"Oh my god…"

진짜 실화다.

솔직히 그 말을 듣고 너무 웃겨서 준비한 내용을 다 까먹었다. 그렇게 입에서 무슨 말이 튀어 나가는지도 모르는 채 뱉는 대로 말해서 시험을 마쳤고, 들어와서 친구들이랑 선생님이 하신 발언을 공유하며 웃었던 것 같다.

10년 전 원어민 선생님께서 느낀 감정을 정확히 '매너리즘'이라 정의할 수 있지 않을까?

얼마나 매너리즘에 빠졌으면 학생이 말을 시작하자마자 단말마 같은 한 마디를 내뱉었는지, 그 말씀을 하시고 본인도 당황하셨을지, 이런 상상을 하면 아직도 입가가 올라간다. 그 선생님은 아마도 죽을 때까지 단군 신화에 대해서 기억하시지 않을까?

어쨌든, 매너리즘은 이렇게 사람의 판단력을 흐리게 만들고, 하면 안 되는 말을 하게 만들고, 정말 극도의 매너리즘에 빠지면 미쳐버리게 된다. 온 사방이 흰색으로 이루어진 방에 들어가는 것처럼 말이다.

하지만, 세상에 이런 말도 있다.

'모든 것은 마음먹기에 달렸다.'

'一切唯心造(일체유심조)'

아마 당신도 알고 있지 않을까? 원효대사가 해골에 썩어 있는 물을 마시고 남긴 말이다.

그렇다면 매너리즘도 마음먹기에 따라 극복이 가능하지 않을까?

우리는 살면서 누구나 매너리즘에 빠지게 된다. 항상 9시에 출근을 한다던가, 학생들은 정해진 시간에 학교를 가야 한다던가, 단순 작업을 반복하는 노동을 한다던가, 뭐 이런 것들 말이다.

이런 것들은 언급했듯 사방이 백색인 방 안에 들어가는 것과 같다.

하지만, 온통 하얀색으로 칠해진 방에 들어가도 흰색이 아닌 존재가 딱 하나 있다.

그것은 바로 '나'이다.

아무리 차디찬 백색으로만 이루어진 방이라도 누군가 그곳에 들어가게 되면 그 방은 더 이상 아무 색도 없는 방이 아니게 된다.

그 사람이 입고 있는 옷 색, 피부색, 머리카락이나 입술 색 등 한 사람이 존재하는 것만으로도 그 방을 다채로운 색감으로 채울 수 있다.

마치 아무것도 칠해지지 않은 도화지에 물감을 뿌리는 것처럼 말이다.

그리고 그 물감은 아마 당신, 정확히는 당신의 마음이다.

어떤 상황에 처하더라도 본인에게 집중한다면 극복해 낼 수 있지 않을까?

그렇게 나에게 집중해 어떤 일이 있어도 이겨낼 수 있는 힘을 가지고 싶다는 생각을 했다.

우연의 조각이 만든 필연의 그림

케빈 베이컨의 6단계 법칙

최근 친구와 이야기를 하다가 세상이 좁다는 걸 새삼 느꼈다.

그 친구와 이야기를 하던 도중 이런 말이 나왔다.

“나 일하는 데 너랑 같은 학교 공대 다니는 애 있음.”

“헐.”

솔직히 이 말을 듣고 나서의 반응은 사람에 따라서 다를 것이다. ‘뭐 그런 거 가지고 유난이냐?’라고 할 수도 있고, ‘완전 대박이다.’ 이렇게 반응할 수도 있다. 나는 명백히 후자였다.

공대 건물이 그렇게 넓지도 않고, 심지어 나이까지 같아서 오가며 마주치기도 했을 것이라고 확신했기 때문이다.

그 친구와 서로 아는 것 말고는 아무런 접점이 없다고 생각했지만 다른 곳에서 생기는 접점을 보니 조금 신기하다고 생각했다.

거미줄처럼 펼쳐진 인간관계가 돌고 돌아서 다시 서로에게 돌아오는 과정이 눈에 보이는 듯했다.

케빈 베이컨의 6단계 법칙이라는 게 있다.

인간관계는 6 다리만 건너면 지구상 대부분의 사람과 연결될 수 있다는 것이 그것이다.

이 이론은 완벽하진 않지만 실험적으로 검증되었는데, 2006년 마이크로소프트에서 무작위로 추출한 두 명의 사람이 평균 6.6명을 거치면 서로 연결된다는 실험 결과를 밝히며 일부 사실로 증명되었다.

생각해 보면 우리가 인간관계를 맺는 것은 하나부터 열까지 전부 우연이다.

'자만추'라는 단어가 있다. '자연스러운 만남 추구'라는 말의

줄임말인데, 자만추인 사람들은 누구에게 소개를 받거나 하는 인위적인 만남을 선호하지 않는다.

하지만 우연의 관점에서 본다면 사람을 만난다는 것은 어떤 상황에서든 우연의 개입이 필수적으로 수반된다.

여태 나를 거쳐갔던 인연들, 현재 관계를 맺고 있는 지인들부터 시작해서 지금은 기억도 나지 않는 아주 오래된 친구들, 심지어 태어나기 전부터 정해져 있는 부모님의 존재까지 따지고 보면 모든 것이 다 우연의 연속이다.

당신이 우연히 내 글을 읽는 것, 우연히 친한 사람이 생기는 것, 이런 것들은 삶의 무한대에 가까운 경우의 수 속에서 한 가지를 선택한 것이다. 그걸 과연 우연이라 부를 수 있을까?

예전에 쓴 글에 이런 말을 한 적이 있다.

'보편적으로 운명이라 치부하는 기막힌 우연과 같은 것.'

그렇다면 우연이란 결국 필연, 즉, 운명이 아닐까?

우리는 수많은 우연 속에서 서로를 만나고, 같은 점을 통해 연결되고, 그 점에서 그어진 접선은 다른 사람에게 닿아 우리의 인간관계를 더욱 풍부하게 만든다. 때로는 스쳐 지나가기도 하고, 때로는 오래도록 곁에 남기도 하며 삶의 의미를 부여한다.

즉, 우연은 결국 필연으로 향하는 다리이다. 모든 만남은 그저 지나가는 바람 같지만, 시간이 지나고 다시 그 순간을 되돌아보면 삶을 바꿔 놓은 운명의 한 파편이었다는 것을 깨닫곤 한다. 스쳐간 모든 인연은 우리를 지금의 모습으로 만든 퍼즐 조각이 되어 그림을 완성해 나간다.

즉, 우연은 삶의 전부이기에 그로 인해 얻게 된 특별한 순간을 소중히 여기며 살아가야 한다. 우연이라는 이름으로 찾아온 필연을 간직해야 한다.

그리고 우리가 만들어 갈 다음의 우연 속에 숨겨진 또 다른 필연을 찾아가기를 바랐다. 그런 생각을 했다.

한 해의 온도를 채우는 날

생일에 느낀 온도들

우리 모두는 각자의 기념일을 하나씩 가지고 있다.

세상에 태어난 날을 기념하는 '생일'은, 본인에게 가장 특별한 날로 취급받는다 해도 과언이 아니다.

지금부터 할 이야기는 최근 있었던 나의 생일에서 느꼈던 여러 감정과 따뜻함, 그리고 그에 관한 고찰이다.

2024년 11월 20일, 25번째 생일의 아침, 전화 소리에 잠을 깼다.

"야, 생일 축하해~"

회사에 다니는 친구가 출근길에 나의 생일인 것을 깨닫고 전화를 한 것이다. 그렇게 잠긴 목소리로 고맙다는 말을 전하고 다시 철푸덕 쓰러졌다.

수요일 오후 수업인 나에게 출근길 아침 8시는 너무나도 이른 시간이었다.

그리고 12시쯤 눈을 떴을 때, 핸드폰에 쌓인 많은 생일 축하 연락들을 보며 기분 좋게 일어났다.

“인국, 생일 축하해~”

“ㅅㅊ.”

“생일인데 학교 째라 그냥.”

“생일추카해요. 진심 100.”

“술 안 마셔? 나랑 술 마시자.”

“갖고 싶은 거 있니.”

"생일 기념 게임 고?"

등등 많은 지인들이 나의 생일을 축하해 주었다. 여기에는 언급하지 못한 정말 많은 사람들에게 감사하다고 말하고 싶다.

평소 생일에 대해 큰 의미부여를 하지 않았다.

여태까지 생일은 그저 다른 날에 비해 아주 조금 특별한, 1년 치 받을 연락을 다 받는, 1년 동안 사용하는 기프티콘을 받는, 그런 날이었다.

종종 시간이 되는 친구들과 모여서 술을 마시거나 밥을 먹긴 했지만, 굳이 생일 파티를 챙기지는 않았다.

하지만 직전의 생일에는 실험을 비롯한 여러 할 일들을 하다 보니 학교에 밤 10시까지 남아 있게 되었고, 생일을 잘 챙기지 않는 나이지만 '생일인데 일만 했네'라는 생각이 들었다.

그리고 집으로 돌아가던 중 예상치 못한 생일 축하를 받고, 늦은 시간인데도 술 한잔 하자는 친구들의 전화를 받고, 늦어서 미안하다며 뒤늦게 생일 축하한다는 연락을 보내는 지인들을 보고 나니 추운 날씨에도 그들의 온도가 느껴지는 것 같았다.

어쩌면 나는 생일에 의미부여를 하지 않은 것이 아니라 그에 따른 감정의 떨림을 무시하고 있던 게 아닐까.

그리고 그렇게 여러 사람에게 받은 따뜻함은 체온이 되어 춥고 더운 나날들을 지낼 수 있는 항상성이 되는 것이 아닐까.

매번 나오는 예전에 출간한 책에서 이런 말을 했다.

'그렇다면 우리를, 더 나아가 이 세상을 따뜻하게 해 주는 것들은 모두 사랑이 아닐까.'

– 미다스북스, '우리가 사랑하는, 어쩌면 우리의 전부들' 중 –

나의 생일을 포함해 종종 있는 지인들의 생일을 챙기며 생일 축하 메시지를 보내는 것도, 받는 것도 모두 감정의 교류이다.

나에게 그런 온도를 아낌없이 내어 준 주변 사람들에게 깊은 고마움을 느꼈다.

이런 생각을 하며 깨달은 점이 있다.

생일의 의미는 단순히 한 사람이 탄생한 날이 아니라, 나와 연결된 사람들과의 관계를 확인하고, 그 속에서 서로의 온도를 나누는 데 있다는 것을.

더 나아가 생일의 존재 이유도 우리의 따뜻함을 유지하기 위해서가 아닐까?

살아온 햇수만큼 꽂는 초, 그 촛불만큼의 따뜻함을 얻기 위해서가 아닐까?

그래서 다음부터는 내가 받은 온기를 나눠주기로 결심했다. 굳이 생일이 아니더라도, 특별한 날이 아니더라도, 슬픈 일이 있어도, 심지어 아무 일도 없는 평범한 날이어도 그저 서로를 향한 마음을 아낌없이 전하는 삶을 살기로 했다.

결국, 우리를 살아가게 하는 건 그런 작은 따뜻함 들일 테니까.

야근의 미학

“너 오늘 야근하냐?”

같은 과 석사, 학부 연구생들한테 매일 하고, 매일 듣는 말이다.

예전에 매체에서 접했던, 공대 대학원생이 직면하게 되는 무수한 실험들, 미팅, 행정 등은 이미 익숙해져 버린 지 오래였다. 그로 인해 비롯된 야근까지도.

툭하면 밤을 새우고, 맨날 차가 끊기고, 그런 이들에게 ‘집 언제 가?’라고 물어보면 돌아오는 대답은 항상 같다.

“몰라.”

그들의 스위트 홈은 이제 좀비처럼 도착해 기절하듯 잠에 빠져들고, 아침마다 자신보다 한 체급 높은 알람 소리와 싸우는 링 위로 변한 지는 꽤 오래되었다.

정신과 시간의 방과도 같은 야근을 이겨내기 위해서 각자 돌파구를 찾은 것처럼 보인다. 누구는 웹툰을 보고, 유튜브를 보고, 누군가는 기타를 치고, 실험실에서 미친 사람처럼 노래를 부른다.

하지만 절대로, 이기지는 못한다.

그저 언젠가 귀가할 본인의 모습을 상상하며 버틸 뿐이다.

나는 원래 야근을 거의 하지 않았지만, 이번 학기 개강과 함께 급속도로 늘어나는 일에 의해서 오후 6시 전에 학교에서 벗어난 적이 거의 없었다.

그렇게 야근에 감염된 친구들을 한 발짝 뒤에서 지켜보다가 결국 그 세상에 발을 디뎠을 때, 무언가 이질적인 것이 느껴졌다.

그 이질감이란 바로 불안함이었다.

계속 야근을 하다가 어쩌다 한 번 일찍 퇴근하면 항상 이런 생각이 든다.

'뭐 빼먹은 거 있나?'

'이럴 리가 없는데?'

마치 숙소에서 방을 뺄 때 두고 간 짐이 있는 것처럼, 정확히 그것과 같은 감정이 드는 것 같다.

사람은 적응의 동물이라 했던가?

이미 야근에 익숙해져 버린 나의 뇌가 이렇게 경고하는 것이 아닐까?

'너 오늘 왜 이렇게 빨리 가?'

나는 빨리 집에 가고 싶음에도 말이다.

하나 더 있다. 아마도 가장 중요한 것일 것 같은.

오후 6시를 넘어 해가 뉘엿뉘엿 넘어갈 때가 되면 오피스에서 랩 친구들과 대화하는 횟수가 정말 기하급수적으로 늘어난다.

시답잖은 이야기를 한다. 아무런 목적도, 그렇다고 정보를 전달하지도 않는, 공중에 흩어져도 아무런 상관이 없는 그런 이야기들.

"밥 뭐 먹냐?"

"안 먹어."

"왜?"

"귀찮아."

"꺼져 그럼."

"ㅋㅋㅋㅋㅋ."

귀찮다고 밥을 안 먹었지만, 나만 빼고 밥을 먹는 걸 보며 이런 말도 한다.

"아, 내 것도 시켜주지."

“(심한 욕)”

“ㅋㅋㅋㅋㅋㅋㅋㅋㅋㅋ.”

실험에 실패하거나, 일이 많아 비명을 지르는 친구에게 이런 말도 한다.

“그러니까 진작에 잘 좀 하지. 평소에 노니까 그런 거 아니야.”

“맞짱 깔래?”

“ㅋㅋㅋㅋ 미안.”

이런 식이다. 건설적인 말은 거의 하지 않는 것 같다. 같이 야근을 하는 처지에 일과 관련된 이야기만 한다면 같은 시간이어도 훨씬 더 증폭된 야근 시간을 맞이하게 되지 않을까?

그렇다면 결국, 내가 야근을 버티는 것도, 내 친구들이 야근을 버티는 것도 서로가 있어서가 아닐까? 그런 생각이 들었다.

솔직히, 야근을 할 때 그렇게 큰 거부감이 들지 않는다. 이는 그에 대한 내가 찾은 결론이다.

함께하는 사람이 있으면, 고통은 배로 줄어든다.

흘러가는 시간의 밀도 또한, 감소한다.

그렇게 부담이 지워지고 지워질수록 그 안에서 찾을 수 있는 소소한 즐거움 또한 자연스럽게 발견하게 된다.

이는 연구실의 야근에 국한된 이야기는 아니다.

직장인의 야근을 비롯한, 뭔가 해야만 하는 일이 있는 사람들에게 모두 해당된다는 생각을 했다.

주변을 바라보자. 누군가 있을 것이다. 인지하지 못하는 무의식 속에서 당신의 무게를 나눠 들고 있는 이가.

이미 익숙해졌을 것이다. 그리고 아마 서로 그 사실을 모르고 있을 것이다.

당신도 그 사람의 무게를 같이 나눠 들고 있기에.

그 사람이 없어진다면, 버틸 수 있을까?

비워내며 채우는 것들

중학교 3학년 담임선생님께서 이런 말씀을 하신 적이 있다.

"술은 좀 마셔야 하긴 한다."

이 말을 듣고 조금 의아했었다.

당시 그 담임선생님은 우리 학교뿐만 아니라 근처 학교 친구들까지도 다 알 정도로 엄한 선생님이었고, 사소한 잘못을 하는 것도 용납하지 않았다.

투블럭 머리 스타일을 한 아이들의 머리카락이 잘려나가는 것을 본 뒤로 감히 머리를 기를 생각도, 다른 스타일링을 할 생각도 하지 못했고, 교복 외 다른 옷을 입는 것은 상상조차 하지 못했다.

아무튼, 그 당시 중학생이던 나는 '술'은 그저 좋지 않은 것, 나쁜 것이라는 막연한 생각을 가지고 있었고, 그런 나쁜 것에 대해 긍정적으로 말씀하시는 선생님을 보고 조금 괴리감을 느꼈던 것 같다.

그리고 지금은 그렇게 말씀하신 이유를 조금은 알 것 같기는 하다.

중학교 3학년 때의 술에 대한 거부감은 잊어버린 채 스무 살이 되던 2019년 1월 1일에 과일 소주 반 병을 마시고 취해 비틀비틀 집으로 향하던 기억은 아직까지도 내 기억에 생생하게 남아 있다.

어쨌든 이렇게 술에 대한 장황한 서론을 늘어놓은 것은 지금부터 이야기할 최근 경험을 말하고 싶어서이다.

얼마 전, 친구와 홍대에서 술을 마시다가 친구가 이런 말을 했다.

"나 좀 취한 것 같아."

'?'

친구들과 술을 마실 때 항상 취한 이들을 챙기는 쪽이었던 나는 직감적으로 뭔가 잘못되었다는 걸 깨달았다.

저런 말을 한다는 것은 이후에 좋지 않은 일이 일어날 거라는 조짐이라는 걸 누구보다 잘 알고 있기 때문이었다.

아니나 다를까, 우려했던 일이 일어나고야 말았다.

술집에서 계산하고 나온 직후 친구는 홍대 길거리를 본인의 옷으로 청소하고 다녔다.

길바닥에 철푸덕 쓰러지고, 내 신발에 침 뱉고... 쓰다 보니까 화만 더 나는 것 같아서 이 이야기는 이만 줄이겠다.

이렇게 조금만 많이 마셔도 사람을 병든 개처럼 변하게 하는 술을 우리는 왜 좋아하는 것일까?

같은 과 후배가 이런 말을 했다.

"술이 젤 맛있어요~"

그리고 주변에 이런 비슷한 말을 하는 사람을 너무나도 많이 봤다.

"오늘 술이 달다."

"소주는 맛있다니까?"

"아직 인생이 안 써서 그래."

뭐 이런 말도 안 되는 소리를 하며 술을 마시는 친구들, 지인들을 보고 있자니 마치 온 세상이 나를 몰래카메라 하는 것 같았다.

솔직히 알고는 있다. 술을 좋아하는 사람들은 술의 맛을 좋아하는 게 아니라 취했을 때의 느낌, 분위기와 같은 것을 좋아한다는 것을.

그래서 술을 싫어하는 사람도 술자리에 종종 가는 것이지 않을까?

아직 별로 친하지 않은 지인들과 술을 마시고 나면 맨 정신으로 친해지는 것보다 훨씬 빠르게 친해지는 것도 이 이유이지 않을까?

해가 거의 다 져버린 저녁에 만나서 술집에 들어가 한잔씩 술을 마시다 보면, 들어간 술의 양에 비례해 어둠 또한 깊어진다. 그리고 그에 따라서 사람들은 더 깊은 이야기를 꺼내 놓는다. 그렇게 형성된 분위기는 맨 정신으로는 전할 수 없는 감정, 말들을 쏟아낸다. 그렇게 서로 마음을 열어간다.

첫 잔은 항상 가볍다. "뭐 하고 살았어?" 이런 이야기를 나누고, 별 것 아닌 이야기로 시시덕거리고, 그렇게 두 번째 잔, 세 번째 잔, 마침내 세는 것이 의미가 없을 정도로 술을 비우게 되면 알 수 없는 용기가 샘솟는다.

즉, 결국 술이 주는 것은 일종의 용기이다. 오가는 눈빛, 몸짓, 말, 잔을 부딪히는 소리까지 모두 모여 근원을 알 수 없는 용기를 부여한다.

또한, 술은 위로이기도 하다. 굳이 입으로 말하지 않아도, 겉으로 표출하지 않아도 상대방이 나의 잔을 채워 주고, 내가 상대방의 잔을 채우는 손길만으로도 서로의 힘든 일들을 위로한다. 마치 "오늘도 고생했어."라고 말하는 것처럼 말이다.

따라서 각박한 세상 속을 살아가는 사람들에게 술이란 용기를 주는 존재이자 삶을 위로해 주는 존재이다.

그렇기에 사람과 술은 떼어 놓을 수 없는 것이지 않을까.

중학교 3학년 때 담임선생님께서 하셨던 말씀도 이런 의미이지 않았을까.

지금의 나보다도 나이가 훨씬 많으셨던 그 선생님께서도, 위로를, 용기를 찾고 싶어 지인들과 술을 드시지 않으셨을까.

만약 그 의미가 나에게 제대로 전해져 온 것이라면, 늦게나마 고생하셨다고, 힘내시라고 말씀드리고 싶다는 생각을 했다.

그리고 앞으로는, 술을 마시자고 하는 친구들을 외면하지 않기로 노력하기로 했다.

그 친구가 필요한 것은 단순히 술이 아니라 용기와 위로이기에.

ps. 그래도 너무 많이 마시면 안 되겠죠?

음악의 메커니즘

당신은 음악을 좋아하는 사람인가?

저번에 길을 가다 핸드폰에 한 알림이 와서 그냥 무심하게 확인해 보았다. 핸드폰에 와 있던 알림은 내가 쓰는 음악 어플인 'Youtube Music'의 알림이었다. 알림의 내용은 12월~2월에 내가 들은 노래, 가장 많이 들은 노래, 장르와 같은 것들을 보여주었다.

그렇게 무심하게 확인하던 중, 나의 음악 스트리밍 시간을 보고 솔직히 조금 놀랐다.

12월~2월이면 90일을 약간 넘는 길다면 길고 짧다면 짧은 시간이다. 그 시간 동안 나의 스트리밍 시간은 17,801분이었다. 시간으로 환산하면 거의 300시간, 약 12일의 시간 동안 음악을 스트리밍 하는 데 쓴 것이다.

사실 음악을 들을 때에는 '음악을 듣는 행위' 하나만을 독립적으로 하지는 않는다. 보통 공부할 때, 어딘가로 이동할 때, 운전할 때 등등 어떤 다른 행동과 같이 음악을 듣는다.

그래도 90일 중 12일의 시간을 음악과 같이 보냈다는 것은 너무 많은 수치가 아닐까? 당신의 생각은 어떤지 궁금하다.

아무튼, 음악은 우리 삶의 여러 곳에 분포되어 있다. 사실, 없는 곳을 찾기가 힘들 정도이다.

아마 당신도 가지고 있을 만한 한 가지 경험이 있다.

언젠가 친구와 노래방을 갔었다. 그때 친구가 어떤 노래를 하나 부르자고 해서 제목을 들어보았는데 모르는 노래였다.

"나 그거 몰라."

"이걸 몰라?"

거의 경멸하듯이 나를 쳐다본 친구는 다음과 같이 말했다.

"네가 이 노래 모르면 내가 손목 자른다."

"...??"

그렇게 예약한 노래를 시작했고, 전주를 듣자마자 나는 이렇게 말했다.

"아, 이게 이 노래야?"

그리고 같이 끝까지 불렀다. 제목은 몰랐지만 노래의 음정과 가사를 몸이 기억하고 있었기 때문이다. 당신도 이런 비슷한 경험이 있지 않을까?

우리는 길을 돌아다닐 때, 카페에서 앉아있을 때, PC방을 갈 때 등등 굳이 나의 의지로 노래를 듣지 않아도 거의 필수적으로 여러 노래를 접하게 된다.

그 사실을 인지하지 못하더라도, 자극을 받아들인 뇌는 저장 공간에 그것을 저장한다. 이렇게 우리는 노래, 음악과 정말 가까운 곳에 산다. 그래서 주변에 노래를 싫어하는 사람을 찾아보기 힘든 게 아닐까?

사람은 시각, 촉각, 후각, 미각, 청각의 다섯 가지 오감을 가지고 있다. 만약 우리의 오감이 갑자기 사라진다면 어떻게 될까?

아마도 극도의 매너리즘에 빠져 미쳐버리지 않을까?

그래서 우리의 오감을, 삶을 다채롭게 하는 음악을 좋아하는 게 아닐까? 음악뿐만 아니라 맛있는 음식, 재밌는 영화와 같은 것들을 좋아하는 게 아닐까?

또한, 음악은 우리의 삶을 다채롭게 할 뿐만 아니라 기억 저편에 숨어 있던 향수를 불러일으키기도 한다.

나는 '씨엔블루(CNBLUE)'의 노래인 'Love Girl'을 들으면 예전 '버블파이터'를 하던 초등학생 시절의 내가 정말 강하게 생각이 난다. '헤이즈'의 '저 별'을 들으면 '메이플스토리'를 하던 고등학생 시절의 내가 손에 잡힐 듯 떠오른다.

내가 어떤 행동을 할 때 같은 노래를 반복해서 들었다면, 역으로 노래를 들었을 때 내가 그 행동을 하던 기억이 재생되는 것이다. 당신도 이런 경험이 있는지 궁금하다.

아무튼, 이런 것들을 생각하고 있으면 음악만큼 우리와 가까우면서 이상한 것이 없다.

음악은 어떻게 시작되었을까? 그러니까 우리가 '음악'이라고 정의할 만한 것 말이다.

'아르놀트 하우저'의 저서 '문학과 예술의 사회사'에 따르면 음악은 예술의 한 부문이기에 사회와 문화의 시대적 구분이 음악에도 적용된다는 언급이 있다.

따라서 '음악'은 어떤 시간대를 살던 사람들의 생각, 문화, 정수, 영혼이 들어가 있다고 해석할 수 있다.

그렇다면 우리가 음악을 듣고 신나고, 슬퍼하며 기쁜 감정을 느끼는 것과 같이 감정이 움직이는 이유는 지금의 음악이 우리의 생각이나 문화 등을 표현한 것이기 때문일 것이다.

바꿀 수도, 피할 수도 없는

2024년 4월 15일, 3살 차이인 남동생이 국방의 의무를 다하기 위해 입대를 했다. 그 모습을 보며 솔직히 슬프지는 않았다. 그냥 그 상황이 웃겼다. 형제를 가진 사람이라면 공감할 것이다. 입대 당일 동생과 대화를 나눴다.

"진짜 가냐?"

"(대충 심한 말)"

"ㅋㅋㅋㅋㅋㅋㅋㅋㅋㅋ"

대충 이런 대화 말이다. 지금쯤 아마 모르는 사람들이 가득한 생활관에서 쭈뼛쭈뼛 앉아있지 않을까? 예전에 내가 그랬던 것처럼 말이다.

이런 생각을 하다가, 문득 마음 한편이 불편하다는 사실을 깨달았다. 그리고 이런 감정은 친동생이 군대를 가서 느끼는 감정은 아니었다. 최근 알게 된 후배들, 동생들이 군대를 갈 때에도 똑같이 그런 알 수 없는 감정을 느꼈다.

이 글은 최근 느낀 알 수 없는 감정에 대한 이야기, 또한 그에 대한 고찰이다.

최근에 지인들이 입대를 했을 때 느낀 불편한 감정은 조금 이질적인 것이었다. 그 이유는 정작 내가 입대를 할 때에는 그런 불편한 감정이 들지 않았기 때문이다. 조금만 더 솔직해지자면, 나는 군생활이 시작되기 직전에 기분이 그렇게 나쁘지 않았다. 뭔가 새로운 세상에 발을 내딛는 것 같고, 군복을 입는 것도 그렇게 나쁘지 않았으며, 내가 멋있어지는 길 같았다. 결정적으로, 피할 수 없는 일이기에 '피할 수 없으면 즐기자'라는 생각이었던 것 같기도 하다.

그리고 경험했던 1년 6개월은, 내 인생 중 정말 최악의 경험이었다.

사실 기억을 되짚어보면 좋지 않은 기억보다 재밌었던 기억들, 보람을 느꼈던 기억들, 그 시절의 향수 등이 훨씬 더 많이 떠오르기는 한다. 하지만, 그럼에도 군생활이 좋았냐고 물어보면 좋았다고 대답할 수는 없다.

다시 처음으로 돌아와서, 내가 그런 불편한 감정을 느낀 이유는 무엇일까?

그것은 바로 곧 군대를 가는 지인이 무슨 일을 겪을지 모두 알고 있기 때문이다. 또한, 정상적인 방법으로는 바꿀 수 없기 때문이다.

물론 정확히 아는 것은 아니다. 가는 부대도 다르고, 보직도 다르고, 같이 생활하는 선임, 동기, 후임도 모두 다 다를 것이다. 하지만, 사람은 기본적으로 공감을 한다. 그리고 공감의 과정은 나 자신을 어떤 대상에 이입하는 것으로부터 시작된다.

즉, 내가 불편한 감정을 느낀 이유는 곧 군대로 가는 지인에게 나 자신을 이입하고, 상상 속에서 내가 되어버린 지인은 나의 머릿속에서 내가 1년 6개월간 경험했던 무수한 일들을 똑같이 경험했기 때문이다. 압축된 시간 속에서 말이다. 그에 대한 안타까움이 불편한 감정의 정체라고 생각했다.

따라서 최근 내가 느낀 감정은 결국 상대방이 무슨 경험을 할지 이미 알고 있다는 것에서 온다.

그렇다면, 안다는 것은 항상 좋은 영향만 있을까?

인간은 항상 본인이 모르는 것에 대해 두려워하고, 궁금해한다. 아마 이런 속성은 인류를 지구의 지배종으로 만들어낸 기전력이 아닐까?

하지만 안다는 것이 꼭 좋은 것만은 아닌 것 같다. 이런 말도 존재한다.

"모르는 게 약이다."

그리고 이 말은 영화에서나 나오는, 최고 등급의 기밀을 아는 것만으로 죽임을 당하는 조연의 경우에만 해당되는 것은 아니다.

앞서 말했듯, 나는 군생활이 시작되기 전 생각보다 그렇게 기분이 나쁘지 않았다. 하지만 지금 다시 가라고 하면 어떨까? 만약 당신이 군필자라면, 당신은 군생활을 한번 더 할 수 있는가?

꼭 군생활이 아니더라도, 당신의 인생에서 가장 힘들고, 외로웠던 기억을 떠올려보자. 분명 어떤 것이 있을 것이다.

그런 것들을 다시 하라고 하면 할 수 있는가?

아마도 힘들 것이다.

19살, 수험생 때 다니던 수학 학원 선생님이 가끔 이런 말을 한 적이 있다.

"나는 고3 때로 다시 돌아가면 그렇게 공부 못 해."

이 말은 정말 진심으로, 힘들게 수험생 시절을 보낸 선생님의 과거가 함축된 말이었을 것이다.

그렇다면, 미래에 있을 바꿀 수 없는 어떤 힘든 일에 대해 구체적으로 알고 있는 것은 힘들었던 과거의 기억들을 가지고 과거로 돌아가 고통받는 것과 같지 않을까?

이런 측면에서 때로는 모르는 것이 더 나을 수도 있겠다는 생각을 했다.

많은 이야기, 신화와 같은 것들에서는 미래를, 정확히는 운명을 내다보는 것을 금기로 여기는 경우가 많다.

바꿀 수 없는 미래를 안다는 것은 아무런 의미도 없기 때문이다. 오히려 정해진 미래를 바꾸려고 하다가 더 깊은 심연에 빠져버린다.

그리스 신화에서 오이디푸스는 신탁을 통해 아버지를 죽이고 어머니와 결혼할 운명이라는 것을 깨달았다.

그는 운명을 피하기 위해서 방랑자로 떠돌다가 우여곡절 끝에 테베의 왕이 되었다. 하지만 이미 자신이 아버지를 죽이고 어머니와 결혼했다는 사실을 깨닫고 두 눈을 찔렀다.

이렇듯 바꿀 수 없는 미래의 구체적인 상황을 아는 것은 자신을 시간이라는 사슬로 결박하는 것과 같다.

미래를 모르기에 우리의 삶은 의미가 있는 것이기 때문이다.

겨울 냄새

기다리던 겨울

기다리던 겨울의 차가운 바람이 드디어 오고야 말았다.

25년 치의 겨울을 살아도 항상 새로운 겨울바람을 맞고 있자니 기분 좋은 차가움에 몸을 맡기고 싶어졌다.

그렇게 집을 나오고 5분 뒤 이런 생각이 들었다.

'아 씨, 추워 죽겠네.'

기분이 좋았던 것도 잠시, 겨울의 차가움은 나의 체온을 빠른 속도로 앗아가고 있었다. 그런 열 손실을 막기 위해 패딩을 입고, 핫팩을 손에 쥐며 덜덜 떨고 있었다.

나에게 가장 좋아하는 계절을 묻는다면, 1초의 망설임도 없이 바로 겨울이라 대답할 것이다.

하지만 추운 것은 별개의 문제이다. 아무리 겨울을 좋아한다 해도, 추운 건 추운 거다.

2022년 1월쯤 파주에서 군생활을 하던 도중 온도계에 찍힌 말도 안 되는 숫자를 보고 경악했던 기억이 있다.

'−25'

'…?'

우리나라에서 영하 25도가 말이 되는 온도인가? 이런 생각을 했던 것 같다.

그렇게 인생에서 가장 추운 겨울을 보내고 난 후, 전역하고 나면 일반 겨울은 그냥 따뜻하게 보낼 수 있겠다는 생각도 했다.

그리고 그 예상은 완전히 빗나갔다.

스무 살, 스물한 살에는 겨울이 아무리 추워도 코트를 입고, 심지어 가을옷도 입어가며 당장 추운 것보다 예쁜 옷을 입었다. 솔직히 그렇게 춥다고 생각하지도 않았던 것 같다.

그리고 지금, 앞서 언급한 영하 25도의 온도에는 가져다 대지도 못할 초겨울임에도 핫팩과 패딩으로 중무장한 나를 거울로 보고 있자니 조금 위화감이 들었다.

이유는 잘 모르겠다. 주변 사람들이 말하는 것처럼 늙어서 그런 것일까?

사실 스물다섯이란 나이는 학교에서나 늙은 사람이지, 다른 관점에서 보면 아직도 너무 어린 나이이다. 부모님과 이런 대화를 한 적이 있다.

"엄마, 나 늙었나 봐."

"미쳤냐?"

등짝 한 대 맞았다.

아무튼, 이제는 나에게 너무 차가워진 겨울이지만, 그래도 반가웠다.

겨울이 주는 길거리의 분위기, 가끔씩 오는 새하얀 눈꽃, 집을 나서자마자 자연스럽게 나오는 입김까지도 뭔가 말로 설명할 수 없는 아련함, 쓸쓸함을 가지고 있다.

외로운 것은 싫지만, 겨울이 주는 그런 감정만은 가져가고 싶었다.

겨울은 오래된 사진첩 같다는 생각을 했다. 이미 낡았고, 낡은 만큼 쓸쓸하지만, 지나온 나의 겨울에는 따뜻했던 기억들이 가득하다.

그렇게 추운 겨울임에도 딱 우리의 체온만큼 온기를 느꼈다.

그런 느낌이 드는 이유는, 겨울이 우리의 체온과 가장 다른 계절이기 때문이 아닐까?

그래서 개개인의 따뜻함을 훨씬 더 직관적으로 느낄 수 있는 것이 아닐까?

차가운 한겨울의 어느 날, 카페에 앉아 창밖의 온도와 비슷한 아이스 아메리카노를 마시며 내리는 눈을 바라볼 때면 모든 것이 정지한 것 같은 느낌을 받는다.

복잡했던 하루, 이어폰 줄처럼 엉켜 있던 생각들, 나아가 이미 꼬여 버린 관계까지도, 지나간 아쉬움과 후회마저도 모두 잠시 멀어진다.

겨울은 그런 계절인 것 같다. 차갑지만 따뜻하고, 쓸쓸하지만 위로를 준다.

그래서 나는 올해도 겨울을 사랑하려 한다. 모든 것을 얼려 버리는 차가움이 세상을 뒤덮어도, 누군가에겐 사형 선고와도 같은 폭설이 쏟아져도, 그런 차가움 속에서 나는 살아 있음을 느낄 테니까.

올 겨울, 나는 올해의 나의 이야기를 어떻게 마무리짓게 될까? 어떤 기억을 남기고, 어떤 감정을 담아낼까? 아직은 잘 모르겠다. 하지만 분명한 것 또한 존재한다.

겨울은 온기를 가진 이들에게 존재함을 깨닫게 해 준다는 것.

한 해가 끝나기 전, 겨울의 초입 앞에서.

각자의 시간선

2025년 3월, 너무나도 바빠진 나의 세계선은 나를 고통과 귀찮음 속에 몰아넣고 있었다.

그 바쁨이란 분명 모두 내가 저지른 일의 결과임에도, 귀찮기는 매한가지였다.

그렇게 여러 지인들을 만나서 대화를 나눌 때, 여러 대화 주제가 있지만 그중 가장 큰 점유율을 차지하는 것은 분명 '나이'에 관한 이야기이다.

스물여섯, 이제 스무 살보다 서른 살이 가까워진 2000년생의 위기감은 "늙었다."는 말을 결국 입에 올리게 되는 기전력이 되어버렸다.

최근 친구들을 만나면 마치 서른이 되면 인생이 끝날 것처럼 대화하고, 뭔가 신체에 조금이라도 문제가 있으면 그 문제가 무엇이든 "늙었다."며 그 이유를 그저 나이가 들었기 때문이라고 생각해 버린다.

이제 학교에 있으면 안 되는 나이이자 학번이지만 그럼에도 1년 더 학교에 남기로 결정한 이유는, 사실 별거 아니었다.

'졸업하기 싫다.'

학점을 올려야 한다, 대학원에 회의감이 들었다 등등 이런 이유들은 그저 앞서 말한 나의 졸업하기 싫음을 부연하는 아주 작은 변명, 혹은 핑계일 뿐이었다.

졸업하기 싫은 이유를 말해보자면, 졸업하고 나면 일단 사회에 나가야 하고, 취업을 해야 하고, 가장 결정적으로 매일 9시에 일어나 6시에 퇴근하는 삶을 반복해야 했다.

그러기 싫은 게 가장 컸다.

예전 스무 살 때 1교시가 많다며 불평하는 나에게 13학번 선배가 한 말이 있었다.

"인국아, 학교 다닐 때가 좋은 거야."

그 선배에게는 단말마와도 같은 말이었겠지만, 그 당시 나에게는 그저 흘려 듣는 말이었다. 정확히는 그 말을 이해는 했지만 공감은 하지 못 했다.

하지만 이제는 그 선배의 말이 피부에 와닿다 못해 피부를 뚫고 심장까지 와닿은 것 같았다.

그리고 지금, 똑같은 말을 후배들에게 하고 있다.

"학교 다닐 때가 좋은 거야."

친구와 술자리에서 이런 이야기를 한 적이 있다.

술집에 들어가서 자리에 앉아 안주와 주류를 시킬 때였다.

"뭐 마실 거야? 맥주?"

그 말을 들은 친구는 대답했다.

"아 무슨 맥주야."

만약 스무 살 때였으면 친구가 한 대답의 이유는 다음과 같다.

'맥주는 술이 아니다.'

술을 자주 마시고 심지어 잘 마시는 친구들은 맥주를 술 취급도 해주지 않는 경우가 많다.

하지만 다음에 친구의 입에서 나온 말은 나에게 적지 않은 충격이었다.

"나 통풍."

솔직한 심정을 말하면 조금 어지러웠다. 입으로는 "아, 통풍 조심해야 하면 맥주 마시지 마."라고 말하고 있었지만, 속으로는 이런 생각이 들었다.

'우리가 벌써 그 정도로 나이를 먹었나?'

그런 생각이 들 때마다 나의 의지와는 상관없이 고정된 시간의 방향성에 따라 한 살씩 먹어가는 나이가 원망스러운 것 같다.

같은 시간선을 공유하는 2000년생 나의 친구들은 스무 살 때 분명 비슷한 출발점에 서 있었던 것 같다. 다른 점이라곤 재수를 하는지 아닌지의 차이일 뿐 거의 비슷했던 것 같다.

하지만 지금은 나처럼 학교를 다니는 친구도 있고, 일을 하는 친구도 있고, 공부를 하는 친구도 있다. 심지어 곧 결혼하는 친구도 있다.

6년이란 시간이 이렇게 모든 것을 바꿔버리게 할 줄 알았으면 예전 기억들을 조금 더 다채롭게 채웠을 텐데 하는 아쉬움이 조금 남는다.

하지만 뭐, 괜찮다. 사람은 각자의 시간선이 존재하고, 각자의 세계관이 존재하는 법이니까.

나이를 먹어도, 출발점의 미묘한 어긋남에서 시작된 차이가 시간이 지남에 따라 계속해서 커져가고 있어도,

분명 통하고 있다. 우리는 같은 시간을 살아가고 있으니까.

그저 그들과 나의 공통집합이 오래도록 사라지지 않길 바랄 뿐이다.

당신이 읽어주는 이야기

글을 쓰는 이유

내가 글을 쓰는 것에 대해서 여러 말을 남기는 사람들이 최근에 좀 많다.

"항상 잘 읽고 있어! 필력 너무 좋더라."

"이런 말 좀 오바지만 글 써줘서 고마워."

"요즘 송작가 폼 뭐야~"

얼마 전 포스팅된 내 첫 책의 서평에 올라온 수많은 댓글도 있다.

"공감되는 글귀가 많네요. 잘 읽고 갑니다."

“많은 걸 생각하게 만드는 글이네요. 좋은 글 감사합니다.”

여기에는 적지 못한 응원해 주는 많고 많은 사람들에게 그저 감사할 뿐이다.

사실 내가 글을 쓰기 시작한 이유는 별거 아니다.

작년 12월에 2학기 종강을 하고 2월 초까지 정말 쓰레기같이 살았다. 새벽 4시에 자서 오후 2시에 일어나고, 영어 시험을 가지 않아서 8만 원을 날려먹고, 매일 PC방에 가서 게임하고, 알바는 귀찮아서 하지 않았다. 내가 술을 좋아했으면 아마 술도 매일 먹었을 것이다.

그렇게 인간쓰레기처럼 살던 와중에 뭐라도 해야겠다는 생각이 들었고, 머릿속을 헤집다가 딱 눈에 띈 것이 예전부터 하고 싶었던 ‘글쓰기’였다.

초등학생 때부터 글쓰기에 관심이 있다는 것을 느끼기는 했다. 오래된 기억이지만 그 당시 반에서 원고지에 ‘릴레이 소설’을 써 돌려보고, 선생님께 보여드렸던 기억이 아직도 선명하다.

그렇게 올해 2월에 처음 글을 쓰기 시작했을 때는 조금 쉽지 않았다.

글을 쓰는 것이 어려웠나요?라고 물어보면, 그것은 또 아니다. 솔직히 말하면 노트북을 열고 키보드에 손을 올려놓으면 내가 굳이 생각하지 않아도 손이 저절로 움직여 글을 써 내려가는 것 같은 느낌을 받았다.

그냥 뭔가 좀 그랬다. 주변에 글을 쓰는 취미를 가지고 있는 사람이 있는 것도 아니고, 있다고 하더라고 일상적인 일기, 여행 일지 같은 것을 블로그에 포스팅하는 것이 대부분이었다.

그런 상황에서 처음 에세이에 도전한 나는 에세이, 즉, 수필이 뜻하는 바를 알고 있으면서도 네이버나 구글에 에세이를 검색해 그 본연의 의미를 찾고, 어떻게 써 내려가면 좋을지 고민하곤 했다.

또, 아무 형식 없이 쓴 나의 이야기에 감성을 한 스푼, 아니 어쩌면 백 스푼을 담은 나의 글이 주변 사람들에게 보이는 것도 조금 쪽팔렸던 것 같다. 만약 내가 글을 쓰기 전에 친한 친구가 글쓰기를 시작한다고 하면 이렇게 반응

하지 않았을까?

"ㅋㅋㅋ 뭐 함?"

명백한 비웃음을 담으며 말이다. 주변 친구들도 내가 글을 쓴다고 했을 때 사실 이렇게 생각했을지 모른다. 굳이 말을 하지 않은 것뿐.

하지만 그렇게 시작한 글쓰기에서 2개월이 채 지나지 않아 책이 출간되고, 점점 한 번에 써 내려가는 양도 많아지고, 글을 쓰는 나도 느낄 만큼 필력이 정돈되고, 무엇보다 꾸준하게 쓰다 보니 주변에 응원해 주는 사람도 많이 생겨났다.

글 쓰는 사람 중에 이렇게 말하는 사람들이 있다.

"내 생각을 정리하기 위해 글을 쓴다."

"글을 쓰는 것 자체로도 의미가 있다."

나도 비슷하긴 하다. 내가 최근 경험한 일들이나, 문득 드는 의문에 대해서 글을 써 왔기 때문이다. 그리고 그 글을 내가 다시 보게 되면 내가 느끼는 감정이 무엇인지 더 확실하게 와닿기 마련이다.

하지만, 감히 내 생각을 말해보자면 글이란 읽어주는 사람이 없으면 아무런 의미도 없다.

그렇다면, 결국 내가 글을 쓰는 이유는 당신이 나의 글을 봐주기 때문이다.

아무도 보지 않는다면 굳이 쓸 이유가 있을까? 나는 내 글을 보는 사람이 한 명도 없다면 굳이 쓰지 않을 것 같다.

글을 읽는다는 것은 시간을 할애해 이야기를 접한다는 것, 그렇다는 것은 당신이 나의 이야기에 당신의 시간을 기꺼이 할애할 의향이 있다는 것이고, 글을 읽는 번거로움만큼의 가치를 인정해 준다는 것이다.

그런 인정, 응원들은 내가 계속해서 글을 써 내려가게 한다.

당장 모레가 전공 시험이지만 노트북을 켜 글을 먼저 쓰고 있는 지금의 나도 글을 읽어주는 당신으로부터 비롯된 것이다.

즉, 내가 쓰는 모든 글은 당신이 있기에 존재할 수 있다.

이전에 내 주변의 빛들은 나를 움직이게 만든다고 했던가?

글을 읽어주는 당신도 나의 빛이다.

'정신 차려 동현아, 한 명이라도 들어준다면 넌 그걸로 족해.'

– BIG Naughty(서동현), '직항' 중 –

ps. 글 쓰는 것보다 제목 짓는 게 훨씬 어렵더라구요.

별이 향하는 곳

여기까지가 당신에게 공유하고 싶은 내 영혼의 조각들이다.

글을 쓰며 내 기억들을 테이블에 올려놓듯 늘어놓았고, 그 파편 중에 내가 한 번 더 돌아보면 좋을 것 같은, 또 당신에게 들려주면 좋을 것 같은 영혼들을 당신에게 보여주었다.

글을 보고 내 평소 삶을 살짝 엿볼 수 있었을 것이다. 대학생이라든지, 연구실에 출근한다든지, 학원에서 선생님 일을 한다든지, 뭐 이런 것들 말이다.

당신도 당신만의 사회적 지위, 나이, 소속과 같은 것들이 있을 것이다. 그런 요소들은 당신과 절대로 떼어낼 수 없는 일부이다.

그리고 그 일부들은 당신에게 선택을 강요하고, 어떨 때는 기쁨을, 어떨 때는 슬픔을 느끼게 한다. 결국에는 그런 것들이 모여서 당신의 영혼을 형성한다.

글을 쓰며 당신만이 가지고 있는 당신의 기억 또한 궁금하다는 생각을 했다. 글로 내 이야기를 전하는 동안 당연하게도 읽는 사람의 기억을 볼 수 없기 때문이다.

그래서 나는 상상하기로 했다.

오늘도 치열하게 살아가는 사람을.

아침에 일어나기 싫어서 몸부림치는 사람을.

해가 넘어가기 직전, 퇴근길에서 하늘에 수 놓인 노을을 보며 알 수 없는 감정을 느끼는 사람을.

아무리 힘든 일이 있어도 다시 일어서는 사람을.

금요일 밤 해일과도 같은 인파에 휩쓸려 동공이 풀려버린 사람을.

다음 날 예정된 여행 일정에 설레어 잠 못 이루는 사람을.

이런 사람들 모두를 당신이라고 생각하기로 했다.

그렇게 생각한 당신을 내 영혼에 새기기로 했다.

그리고 나의 기억, 나의 영혼을 보고 위안, 공감, 분노 등 여러 가지 감정을 느꼈으리라 생각하기로 했다.

처음에 이런 말을 했다. 모두의 영혼에 공명을 일으키고 싶다고.

영혼이란 바로 그 사람의 기억이고, 감정은 기억으로부터 비롯되는 것.

따라서 이 글을 보고 당신이 느낀 감정은 결국 영혼의 떨림이다.

느낀 감정이 무엇인지는 그렇게 중요하지 않다. 우리는 모두 다른 사람이기에 같은 상황, 같은 이야기에도 다른 감정을 느낀다.

중요한 것은 감정을, 그러니까 영혼의 공명을 느꼈다는 것이 아닐까?

그리고 그 공명은 사방으로 뻗어나가 주변을 적실 것이고, 종국에는 우리가 사는 우주를 가득 채우지 않을까?

우리는 변화하는 세상에 산다.

모든 존재가 변화하는 우리의 우주에서 우리 또한 변화의 흐름에 맞물려 사라질 운명이다.

하지만 우리가 살아있을 때 많은 생각을 하고, 좋은 기억을 쌓는다면 우리가 사라지고 나서도 과거에 찾았던 많은 의미는 여전히 남아 있을 것이다.

그렇게 우리의 의지가, 기억이 남겨질 수만 있다면,

그 영혼의 잔향은 우리가 없는 우주를 살아갈 존재들의 이정표가 될 수 있을 거라 생각한다.

–fin

기억의 공명

저　자 송 인 국
발행일 2026. 1. 29
출판사 도서출판 애플북
ISBN 979-11-24103-31-9 (03810)
발행처 도서출판 애플북